Jürgen Nolte

ZEITENWENDEN

in Kassel und Nordhessen

Wartberg Verlag

Bildnachweis

Stadtarchiv Kassel:
S. 6/7: E3_98/A. Wagner
S. 10/12: E3_99/A. Wagner
S. 24/26: 0.001.032/Heinz Worch
S. 32/34: E2_258/J. E. Schäfler
S. 44/46: E2_385/M. de Kinson
S. 73/75: E1P Militär/Kriegswesen 1914-1918, Carl Eberth
S. 85/87: E1_J_Zeppeline/Foto Franke
S. 88/89: Eberth-Abzüge Nr. 11, Carl Eberth
S. 91/93: 0.000.581, Carl Ebert
S. 94/96: E1_S_Hochwasser
S. 97/99: E1_P_Bergung 001
S. 101/103: E1P Militär/ Kriegswesen nach 1945, US-Army
S. 107/109: E1_O Zissel bis 60er Jahre/ Walter Thieme
S. 125/127: 0.007.988, Carl Eberth
S. 128/130: E1_J_Herkulesbahn/ Heinz Pauly
S. 134/136: E1_S_November 1989/ Renate Lehning

Stadtmuseum Kassel:
S. 51/53: 00/0651
S. 57/59: 96/1219.23
S. 60/62: F 0421.78
S. 70/72: F 0503, Konrad Zick
S. 104/106: L_I_R_R2_43

wikipedia:
S. 14/16 Hydro

ullstein bild:
S. 18/19 imagebroker.net/H.-D. Falkenstein
S. 21/23 imagebroker.net/Peter Schickert
S. 29/30
S. 35/37 CARO/Thomas Ruffer
S. 39/42 imagebroker.net/Martin Moxter
S. 48/50 AKG
S. 66/68 Süddeutsche Zeitung Photo/Scherl
S. 76/78 Haeckel Archiv
S. 79/81 Klaus Niermann
S. 82/84
S. 110/111 imagebroker.net/Marko König
S. 113/115 imagebroker.net/Hans Blossey
S. 116/118
S. 122/124

dpa picture-alliance GmbH:
S. 54/56 Uwe Zucchi
S. 63/65 Uwe Zuchhi
S. 120/122 Uwe Zucchi
S. 131/133 Uwe Zucchi

1. Auflage 2013

Layout und Satz: Sabine Laubig, Berlin
Buchbinderische Verarbeitung: Büge, Celle
Druck: Thiele & Schwarz, Kassel

34281 Gudensberg-Gleichen, Im Wiesental 1
Telefon: 05603/9 30 50, www.wartberg-verlag.de
ISBN: 978-3-8313-2194-0

Inhaltsverzeichnis

Vorwort

Kassel feiert 2013 seinen 1100. Geburtstag, und natürlich gehört dazu auch ein Rückblick auf die wechselvolle Vergangenheit der Nordhessen-Metropole. Allerdings ist die Geschichte der Fulda-Stadt schon weidlich erforscht und immer wieder von vielen Blickwinkeln aus publiziert worden. Dieses Buch findet daher einen neuen Ansatz: Es lässt die Geschichte mithilfe von Geschichten lebendig werden, die herausragende, anrührende, tragische oder auch skurrile Begebenheiten von den Anfängen Kassels bis in die Gegenwart wiedergeben.

Eigentlich lebt ja auch die Geschichte von Legenden, Erzählungen und Geschichten, die immer wieder weitergegeben werden und im Gedächtnis der Menschen fester haften als wissenschaftliche Arbeiten, Dokumentationen und Chroniken. So kennt fast jeder Kasselaner, der regelmäßig das Schloss Wilhelmsthal besucht, die Geschichte vom kleinen Trommler, weiß aber meist nur bruchstückhaft Bescheid über die Schlacht nahe dem Schloss während des Siebenjährigen Krieges. Beim Stichwort Jérôme fällt vielen der Begriff „König Lustik“ ein, doch der historische Hintergrund bleibt oft nebulös. Der Werbespruch „Ab nach Kassel“ ist hier Allgemeingut, aber wo und wann er entstand, ist vielfach unbekannt.

Diese und andere historische Facetten sind Aufhänger für die jeweiligen Geschichten. In der Neuzeit sind es beispielsweise Einzelbegegnungen mit DDR-Flüchtlingen in dem Jahr, als die deutsche Wiedervereinigung zustande kam. Oder dies: Viele Kasseler Wanderer und Wintersportler denken wehmütig an so manche Fahrt mit der geliebten Herkulesbahn zurück, die zum allgemeinen Bedauern später stillgelegt wurde. Es sind emotionale Erinnerungen, bei denen die Liebe zur Stadt Kassel und zu Nordhessen durchschimmert.

Im Oktober 1943 ging das alte Kassel im Bombenhagel unter, aber 1100 Jahre alt geworden ist sie trotzdem, die – historisch gesehen – heimliche Hessen-Hauptstadt.

Jürgen Nolte

10. *Jahrhundert*

Chassella
– eine Pfalz für reisende Könige

Konrad I. kam 913 an die Fulda

Im Februar des Jahres 913 erreichte ein Zug erschöpfter Reiter gegen Abend endlich sein Ziel, den fränkischen Königshof „Chassella". Schon von weitem war das festgefügte steinerne Haus zu sehen, das die von Palisaden geschützten Wirtschaftsgebäude überragte. An der Spitze der mit Lanze, Schwert und Schild bewaffneten Männer ritt Konrad I., seit 911 König des Ostfränkischen Reiches. Wie alle Herrscher seiner Zeit erledigte er seine Regierungsgeschäfte nicht von einem zentralen Ort aus, sondern auf ständigen Reisen durch das Land. Hier nun führte ihn das „Reisekönigtum" in das heutige nördliche Hessen an die Stelle, wo die Ahna in die Fulda mündet und wo auf einer Anhöhe der Gutshof lag.

Der Ritt dorthin war beschwerlich gewesen, auch wenn er der alten fränkischen Heerstraße nach Norden gefolgt war: Die Wege waren verschneit und im Tal der Fulda zum Teil sumpfig. Der Standort des Königshofes war klug gewählt, denn er sicherte eine Furt über den Fluss, über die mehrere Handelswege führten. Der Übergang wurde schon vor über 2000 Jahren von den Kelten und später den germanischen Chatten genutzt.

König Konrad I. überreicht 913 in Chasella zwei Urkunden – so hat es sich der Maler Adolf König vorgestellt.

„Taufschein" Kassels

> ***Neandertaler, Jäger und Ackerbauern***
>
> *Funde von Gebrauchsgegenständen belegen, dass der nordhessische Raum schon in frühgeschichtlicher Zeit besiedelt war. Die Funde spannen den Bogen von den Neandertalern der Altsteinzeit (600 000–10 000 v. Chr.) über die Jäger, Fischer und Sammler der Mittelsteinzeit (10 000–5000 v. Chr.) bis zu den ersten Viehzüchtern und Ackerbauern der Jungsteinzeit (5000–2000).*

In den Tagen nach seiner Ankunft empfing Konrad I. Gefolgsleute aus der Region, schickte Sendboten aus und unterzeichnete verschiedene Urkunden – heute würde man sagen: Es war Schreibkram, der gemacht werden musste. Dem hat übrigens die Stadt Kassel ihre erste urkundliche Erwähnung zu verdanken, indem nämlich in zwei noch erhaltenen Dokumenten vom 18. Februar 913 der Name Chassella als Ort der Unterzeichnung auftaucht. Sie sind sozusagen ihr königlicher „Taufschein".

Man kann davon ausgehen, dass Konrad I. 913 mit einem etwas mulmigen Gefühl unterwegs war: Die Magyaren, ein nicht sesshaftes Reitervolk im heutigen Ungarn, waren nämlich in jenem Jahr wieder einmal mordend und plündernd in sein Land eingefallen. Und niemand wusste vorher, wann und wo die gefürchteten Reiter auftauchen würden. Der König dürfte einigermaßen erleichtert gewesen sein, als er unbeschadet in Chassella ankam. Der Name leitet sich vom lateinischen „Castellum" (befestigter Platz) ab. Der Königshof an der Fulda bot also ihm und seinem Gefolge nicht nur Unterkunft und Verpflegung, sondern auch eine relative Sicherheit vor Überfällen.

Pfalzen nannte man diese Etappen-Stationen der reisenden Könige. Sie waren in Abständen von jeweils etwa 30 Kilometern angelegt – eine Entfernung, die zu Pferd problemlos an einem Tag zu schaffen war. Chassella gehörte zu den kleineren und eher provisorischen Königspfalzen. In unmittelbarer Nähe des Königshofes befand sich damals auch ein Marktdorf, das später die Keimzelle der Kasseler Altstadt wurde.

11. Jahrhundert

„Morgengabe“ für Kunigunde

Den Purpur mit dem Schleier getauscht

Königin, Kaiserin, Nonne, Heilige und ein Name, der zu den wohlklingendsten seiner Zeit gehörte und auch aus der Welt der Märchen und Sagen nicht wegzudenken ist: Kunigunde. Die Tochter eines Luxemburger Grafen wurde im Jahr 995 im Alter von 15 Jahren Herzog Heinrich IV. von Bayern angetraut, der 1002 zum König und 1014 zum Kaiser des „Heiligen Römischen Reiches deutscher Nation" gekrönt wurde. Die sogenannte Morgengabe ihres Gemahls verschlug sie nach Kassel und Kaufungen. Und das kam so:

Nach „Vollzug des Beilagers", wie es im alten deutschen Recht formuliert war, erhielt Kunigunde von ihrem Mann ein „Witwengut" in Bamberg. Damit sollte sie im Falle seines Todes wirtschaftlich abgesichert sein. Man nannte das damals „Morgengabe" oder „Wittum" (althochdeutsch „Mitgift"). Doch dann benötigte König Heinrich II., wie er jetzt hieß, den Besitz für das Bistum Bamberg. Die Eheleute verständigten sich einvernehmlich, indem Kunigunde auf das Gut verzichtete und Heinrich ihr 1008 als Ausgleich den Königshof Chassella überschrieb, der an der Fulda auf dem Areal der späteren Kasseler Altstadt lag. Bedeutete das schon eine Aufwertung des Anwesens, erhielt der Königshof ein noch größeres Gewicht, als man ihn bis spätestens 1011 nach Kaufungen verlegte und dort als königliche Pfalz erheblich ausbaute und erweiterte.

Kult in der Bevölkerung

In der Bevölkerung, vor allem in Hessen, entwickelte sich ein Kult um Kunigunde, der die Verehrung des 1146 heilig gesprochenen Heinrich weit übertraf. Ihre Kinderlosigkeit hatte schon vorher zu Legendenbildungen geführt, die nun Züge der Marienverehrung annahmen. Das Kaiserpaar habe eine Josephsehe geführt, hieß es, und Kunigunde habe sich – im Zusammenhang mit einem Ehebruchsvorwurf – zum Beweis ihrer Jungfräulichkeit der Pflugscharprobe unterzogen: Unversehrt habe sie glühende Pflugscharen überschritten.

Auch eine Reihe von Wundern wurden Kunigunde zugeschrieben. So erzählte man sich im einfachen Volk dieses Ereignis: Als Kunigunde als Nonne während eines Gottesdienstes in der Kaufunger Stiftskirche zum Altar gegangen sei und nicht gewusst habe, wohin mit ihren Handschuhen, habe sie diese beiseitegeworfen. In diesem Moment sei ein Sonnenstrahl durchs Fenster gekommen, an dem die Handschuhe hängen blieben.

Und dann trat etwas ein, das die Königspfalz im ganzen Reich bekannt machte: Kunigunde – sie trug inzwischen auch den Titel Kaiserin und galt als kluge und einflussreiche Mitregentin – gründete im Jahre 1017 aufgrund eines Gelübdes, das sie nach einer schweren Erkrankung abgelegt hatte, in Kaufungen ein Benediktinerinnen-Kloster. Neben dem Bau einer großen Kirche wurde offenbar ein großer Teil der Häuser des Königshofes zu Klostergebäuden umgebaut. Der Kaiser bedachte die Abtei mit einer ganzen Reihe großzügiger Schenkungen. Zu ihrem Besitz gehörten unter anderem die meisten Siedlungen auf dem heutigen Stadtgebiet von Kassel. Hielt Heinrich II. in Kaufungen Hof, übernahmen die Nonnen die Verpflegung seines zahlreichen Gefolges.

Nach dem Tod ihres Mannes 1024 tauschte Kunigunde ein Jahr später den Purpur mit dem Schleier und trat als Nonne in das Kloster ein. Sie starb 1033 und wurde neben Heinrich II. im Bamberger Dom beigesetzt. Im Jahr 1200 sprach Papst Innozenz III. Kunigunde heilig.

Kunigunde auf dem Weg zum Königshof Chassella, ebenfalls gemalt von Adolf Wagner.

13. Jahrhundert

Kampf für das „Kind von Brabant"

Sophie von Brabant sicherte sich hessisches Erbteil

„… damals war allenthalben Krieg und Raub im Lande. Und als der Markgraf von Meißen Eisenach eroberte, soll er … einen Mann, der es mit dem hessischen Teil gehalten, von dem Felsen der Wartburg herabschleudern lassen, dieser aber in der Luft noch laut ausgerufen haben: Thüringen gehört doch dem Kinde von Brabant!" Diese Sätze finden sich in einer der „Deutschen Sagen", die 1816 und 1818 von den Brüdern Grimm herausgegeben wurden. Die angebliche Begebenheit spielte sich im thüringisch-hessischen Erbfolgekrieg (1247–1264) ab, an dessen Ende Sophie von Brabant, Tochter der heiligen Elisabeth und früheren Landgräfin von Thüringen, wenigstens Hessen als Teil ihres Erbes erkämpfte. Sie tat das für ihren Sohn Heinrich, den späteren Stammvater der hessischen Landgrafen.

Proklamation auf der Mader Heide

Er war gerade vier Jahre alt, als ihn seine Mutter 1248 in Marburg und auf der Mader Heide bei Gudensberg zum Landesherrn ausrufen ließ. Auf der kleinen Anhöhe unweit von Maden – sie war schon im 12. Jahrhundert ein beliebter Versammlungs- und Gerichtsort – bestätigten zahlreiche hessische Adelige den Sohn Sophies als rechtmäßigen Erben der thüringisch-hessischen Landgrafschaft. Kurz zuvor war das thüringische Landgrafenhaus mit Heinrich Raspe im Mannesstamm erloschen. Nach der Proklamation auf der Mader Heide gewöhnte man es sich an, von „Heinrich dem Kind" oder dem „Kind von Brabant" zu sprechen.

Ausbau Kassels als neue Residenz

Im Jahr 1277 verlegte Heinrich seine Residenz von Gudensberg nach Kassel, das bereits vor 1189 das Stadtrecht erlangt hatte. Zielstrebig baute er seine neue Residenz aus, gründete die Unterneustadt mit einer Brücke über die Fulda und holte 1292 den Bettelorden der Karmeliter nach Kassel. Von ihm stammt mit der Brüderkirche das älteste, heute noch erhaltene Bauwerk der Stadt.

Als Gegner hatte es Sophie, die mit dem Herzog von Brabant verheiratet war, mit den Markgrafen von Meißen und dem Fürstbischof von Mainz zu tun. Beide meldeten ebenfalls Ansprüche auf das Erbe an. In den nun folgenden wechselvollen Kämpfen – sie zogen sich über 18 Jahre hin – bewies Sophie viel Mut und großes Durchhaltevermögen. Das hatte wohl auch etwas mit ihrem Zorn darüber zu tun, dass Heinrich Raspe ihre Mutter Elisabeth 1227 zum Verlassen der Wartburg gedrängt hatte. Und unter den Entbehrungen der Reise mitten im Winter nach Marburg hatten auch Sophie und ihre beiden Geschwister gelitten.

Tochter Sophie war im Gegensatz zu ihrer Mutter Elisabeth, der Samariterin, eine Kämpfernatur. Sie verschrieb sich ganz der Aufgabe, für ihren 1244 geborenen Sohn Heinrich das thüringisch-hessische Erbe zurückzugewinnen. Mit diplomatischem Geschick sicherte sie sich auch die Unterstützung des Deutschritterordens, der während der Kreuzzüge entstand und großen Einfluss in Deutschland hatte. Sophies Truppen stießen immer wieder auf thüringisches Gebiet vor, zerstörten mehrere Burgen, eroberten die Stadt Eisenach – und verloren sie wieder.

„Für Heinrich, das Kind von Brabant", lautete oft der Schlachtruf. Doch schließlich musste sich Sophie im Langsdorfer Vertrag von 1263 mit den hessischen Besitzungen zufriedengeben. Unter ihrem Sohn Landgraf Heinrich I. begann 1265 die Geschichte Hessens als selbstständige politische Einheit.

Sophie von Brabant präsentierte 1248 den Marburgern ihren vierjährigen Sohn Heinrich als neuen Landesherrn Hessens. Ein Denkmal in Marburg erinnert daran.

16. *Jahrhundert*

Hitziger Disput in der Stadtkirche

Homberger Synode gab Weg für Reformation frei

Die Wogen gingen hoch, als geistliche und weltliche Würdenträger auf der Homberger Synode vom 21. bis 23. Oktober 1526 darüber diskutierten, ob der protestantische Glaube in Hessen eingeführt werden sollte. Landgraf Philipp der Großmütige, einer der Vorkämpfer der Reformation in Deutschland, hatte die Synode einberufen und dazu Prälaten, Äbte, Pfarrer, die Ritterschaft und Vertreter der Städte eingeladen. So emotional wie das Thema besetzt war, so hitzig verlief die dreitägige Debatte in der Stadtkirche. Die Kontrahenten schenkten sich nichts, und selbst der anwesende Landgraf wurde hart angegangen.

Wortführer der Reformationsgegner war Nikolaus Ferber, Vorsteher des Marburger Franziskanerkonvents und später Domprediger in Köln. Gegen ihn führte Philipp seinen französischen Berater in theologischen Fragen, Franz Lambert aus Avignon, ins Feld. Dieser begann die Aussprache mit der Verlesung von Thesen, in denen der Kirche die alleinige Mittlerrolle zwischen Mensch und Gott abgesprochen und betont wurde, dass Mönchen und ehelosen Pfarrern in dieser Beziehung keine besondere Rolle zukäme. Seinen Kontrahenten Ferber reizte Lambert mit der Feststellung, dass die Existenz von Klöstern biblisch nicht begründet sei und sie daher auch keine „besondere Heiligkeit" besäßen.

„Sicheres Geleit" beansprucht

Der Franziskanermönch konterte in erregtem Ton, sprach nur der Kirche, dem Papst und den Bischöfen das Recht zu, eine Synode einzuberufen und erinnerte daran, dass Kaiser und Papst die lutherische Lehre als Ketzerei verdammt hätten. Beinahe einer „Majestätsbeleidigung" gleich kam seine frontale Attacke gegen Landgraf Philipp den Großmütigen: Er beschuldigte ihn, im Lande Zwietracht zu stiften und die Absicht zu haben, die geistlichen Güter entgegen dem Willen ihrer Stifter anderweitig zu verwenden. Daraufhin brach unter den Versammelten Unruhe aus, die sich erst legte, als der Landgraf die Vorwürfe scharf zurückwies. Nikolaus Ferber mag in diesem Moment um seine Sicherheit gebangt haben, denn er nahm bei seiner Rückkehr nach Marburg ausdrücklich das „sichere Geleit" für sich in Anspruch, das der Landgraf vor der Synode allen Teilnehmern in Aussicht gestellt hatte.

Porträt Landgraf Philipps des Großmütigen nach einer historischen Zeichnung aus dem 19. Jahrhundert.

17. Jahrhundert

Uni-Rektor erschlug Kornett

Erste Kasseler Universität 1633 gegründet

Diese Nachricht verbreitete sich 1633 wie ein Lauffeuer in der Stadt: Der Professor der Theologie, Johannes Crocius, hatte einen jungen Soldaten mit dem Hammer erschlagen. Crocius war der erste Rektor der im selben Jahr von Landgraf Wilhelm V. gegründeten ersten Universität Kassels. Er habe die Ehre seiner Tochter verteidigen müssen, hieß es, was die Sache noch spannender machte. Der reformierte Theologe Crocius genoss eine hohe wissenschaftliche Reputation, war auch bei Hofe gut angesehen und hatte bereits 1612 die Stelle des Hofpredigers bei Landgraf Moritz innegehabt. So waren die meisten Bürger denn durchaus geneigt, die Tat als Notwehr zu bewerten.

Nur die Hälfte der Einwohner überlebte

Im Dreißigjährigen Krieg (1618–1648), an dem fast alle europäischen Staaten teilnahmen, standen sich die Katholische Liga und die Protestantische Union gegenüber. Er war somit in erster Linie ein Religionskrieg. Die Landgrafschaft Hessen-Kassel gehörte der protestantischen Union an und hielt es vor allem mit Schweden-König Gustav Adolf. Die hessischen Truppen kämpften unter seinem Oberbefehl. Im Jahre 1636 fielen kroatische Truppen in Niederhessen ein, brannten 18 Städte und 100 Dörfer nieder und begingen unvorstellbare Gräuel. Kassel wurde dank seiner starken Festungsanlagen niemals erobert, musste aber die Schrecken der Pest mit 1440 Toten erdulden. Am Ende des Krieges, als 1648 in Münster der Westfälische Friede geschlossen wurde, waren weite Landstriche Nordhessens entvölkert; nur noch die Hälfte der Einwohner war am Leben.

Es kam zu einer gerichtlichen Untersuchung, während der Crocius vom Amt suspendiert war. Und jetzt wurde auch die Neugier nach den näheren Umständen des Geschehens befriedigt. Nach Angaben des Professors hatte ein Kornett (dem heutigen Fähnrich vergleichbar) versucht, sich nachts gewaltsam Zugang in sein Privathaus zu verschaffen, um zu seiner Tochter zu gelangen. Darüber wurde Crocius wach und es entspann sich ein Handgemenge mit dem Eindringling, in dessen Verlauf der Hausherr zu einen Hammer griff und zuschlug. Die Richter nahmen Crocius die Notwehr-Version ab und sprachen ihn frei.

Unerlaubte Liason?

Oder hatte sich da in Wahrheit schon vorher ein Flirt zwischen Kornett und Professoren-Töchterchen angebahnt? Waren die beiden womöglich verabredet, oder hatte der junge Mann in unziemlichem Übermut auf ein Abenteuer gehofft? Auch darüber redeten die Leute in der Stadt, wohl wissend, dass ein hoher Staatsdiener eine solche Liaison niemals geduldet und gegebenenfalls alles getan hätte, um sie zu vertuschen.

Soldateska nur schwer zu bändigen

Zur Ehre von Crocius muss allerdings angemerkt werden, dass sich damals in Kassel viel rohes Kriegsvolk aufhielt. Man befand sich mitten im Dreißigjährigen Krieg und die Stadt glich einem Feldlager, weil hier Söldner geworben und Heerhaufen für den Kampf gegen die Truppen der katholischen Liga zusammengestellt wurden. Die Soldateska war nur schwer zu bändigen, und nur mithilfe strenger Befehle war es möglich, die Bürger und vor allem die Frauen vor Übergriffen zu schützen.

So war auch die Gründung der Kasseler Universität mitten in einem überaus grausamen Krieg, der das Land zudem mit Pest und Cholera überzog, ein Wagnis. Die bisherige Landesuniversität Marburg war 1627 im Erbschaftsstreit an Darmstadt gefallen. Vornehmste Aufgabe der Kasseler Hochschule – sie war im Renthof hinter der Brüderkirche untergebracht – sollte es nach dem Willen des Landgrafen sein, das reformierte Religionsbekenntnis in Hessen zu sichern. Angesichts der Kriegsgräuel überall im Land war die Zahl der Studierenden gering und ließ dann immer mehr nach. Waren 1633 noch 66 junge Männer eingeschrieben, zählte man im Jahr 1641 nur noch acht. 1653 wurde die Kasseler Universität aufgelöst, weil Hessen-Kassel wieder in den Besitz der Marburger Hochschule gekommen war.

Kassels erste Universität befand sich im Renthof hinter der Brüderkirche.

Stolz auf hugenottische Herkunft

Glaubensflüchtlinge waren Gewinn für das Land

In der früheren Setzerei der Zeitung nannten sie ihn „Schang", obwohl er Jean mit Vornamen hieß, aber so kam es eben rüber im Kasseler Zungenschlag. Sein Zuname lautete Revoir, aber den brauchte eigentlich keiner seiner Kollegen in den Mund zu nehmen, denn man duzte sich ja. Also der Schang, der war ein ganz „feiner Kerle" und dazu ein Top-Maschinensetzer, der die Schnellsetzmaschine – es war die Zeit, als man die Buchstaben noch in Blei goss – virtuos bediente. Wenn es beim Redaktionsschluss pressierte, konnte man ihm einen Text sogar direkt in die Tastatur diktieren. Dass er in seinem Job besonders gut war, war für Jean Revoir eine Selbstverständlichkeit. Er machte nämlich keinen Hehl daraus, dass er sich in der Tradition seiner Ahnen sah, der Hugenotten, die vor gut 300 Jahren mit ihrem Kenntnisreichtum für einen Aufschwung der nordhessischen Wirtschaft gesorgt hatten.

Auch andere Nachfahren dieser französischen Glaubensflüchtlinge waren und sind durchaus stolz auf ihre Herkunft. Französische Namen wie Dupont, Morell oder Colombel sind vor allem im nördlichen Hessen keine Seltenheit.

„Hessische Freiheitskonzession" von 1685

Die Flucht der Hugenotten aus Frankreich setzte ein, als König Ludwig XIV. 1685 das „Edikt von Nantes" aufhob, das den Protestanten Religionsfreiheit zusicherte. 200 000 Hugenotten verließen daraufhin in den folgenden Jahren ihre Heimat und suchten Zuflucht in den Nachbarstaaten. Als erster deutscher Fürst bekannte sich Landgraf Karl offen zur Aufnahme der Flüchtlinge und eröffnete ihnen mit der „hessischen Freiheitskonzession" vom 18. April 1685 großzügige Lebensbedingungen in Hessen.

Die Einladung an die Hugenotten war nicht ganz uneigennützig gewesen: Die Landgrafschaft litt noch schwer unter den Folgen des Dreißigjährigen Krieges (1618–1648) und hatte noch längst nicht den Bevölkerungsstand der Zeit davor erreicht. Das Land konnte also eine Blutauffrischung gut gebrauchen. Die Rechnung Landgraf Karls ging auf: Die am Ende insgesamt 8000 Glaubensflüchtlinge erwiesen sich als strebsame, tüchtige Handwerker, Baumeister, Fabrikanten und Kaufleute, deren Arbeit der brachliegenden Wirtschaft in den Jahren vor und nach 1700 kräftige Impulse gab. Sie bauten zudem in Nordhessen bislang unbekanntes Gemüse wie Spargel, Blumenkohl und Rettich an. Um 1700 war jeder fünfte Kasseler Bürger ein Hugenotte.

Ein eigenes Wohnquartier

Für die Neubürger ließ Landgraf Karl mit der Kasseler Oberneustadt ein eigenes Wohnquartier bauen. Für die Ausführung war sein genialer Architekt Paul du Ry verantwortlich, ebenfalls ein Hugenotte. Die Oberneustadt lag außerhalb des Kasseler Festungsrings und war neben Karlshafen die zweite Neugründung einer Stadt für die Hugenotten. Im heutigen Bad Karlshafen war es ein hugenottischer Arzt, Jaques Galland, der 1730 eine Solequelle entdeckte. Sie wurde zunächst zur Salzgewinnung und ab 1833 auch zu Badezwecken genutzt.

Andere Glaubensflüchtlinge ließen sich auch auf dem flachen Land nieder, wurden vor allem im Raum Hofgeismar sesshaft, und zwar in neu gegründeten Dörfern wie Carlsdorf, Kelze oder Schöneberg. Noch heute feiert man in Kelze jeden ersten Sonntag im Mai das Mayence-Fest. Dabei ziehen die Mädchen des Dorfes durch die Straßen, singen das Mayence-Lied nach einem alten französischen Text und sammeln Eier und Geld. Dieser jahrhundertealte Brauch steht vermutlich im Zusammenhang mit der geglückten Heimkehr eines kleinen Mädchens, das bei der Flucht aus Frankreich von seinen hugenottischen Eltern getrennt wurde. Eine Ehrentafel in der Carlsdorfer Kirche belegt, dass schon 1814 in den deutschen Befreiungskriegen Nachkommen der Hugenotten gegen Frankreich kämpften.

Religiöser Mittelpunkt aller Hugenotten in Nordhessen war die zwischen 1698 und 1710 nach den Plänen Paul du Rys errichtete Karlskirche. Über drei Generationen war diese Baumeisterfamilie in Kassel und Nordhessen tätig. Besonders berühmt wurde Simon Louis du Ry, nach dessen Plänen unter anderem der Friedrichs- und der Königsplatz angelegt wurden. In der Karlskirche wurde übrigens noch bis zum Jahr 1840 ausschließlich in französischer Sprache gepredigt.

Die Oberneustadt vor der Zerstörung Kassels 1943. Oben im Hintergrund der Friedrichsplatz.

Choral-Klänge erfüllten die Luft

247 Jahre nach ihrer Einweihung: Auf dem Kasseler Friedrichsplatz und in der Königsstraße hoben im April 1957 die Passanten plötzlich die Köpfe, unterbrachen ihre Gespräche, und in der nahen Karlsaue blieben die Osterspaziergänger stehen, um besser hören zu können: Choral-Klänge erfüllten die Luft, gespielt von hell tönenden Glocken. Sie wehten von der Karlskirche herüber, die in der Nacht vom 22. auf den 23. Oktober 1943 bei dem Großangriff britischer Bomber ausgebrannt und 14 Jahre später in leicht vereinfachter Form wiederaufgebaut worden war.

Das handgespielte Glockenspiel (Carillon), das sich nun in der „Laterne" auf dem Dach der Kirche befand, war zum größten Teil durch Spenden von Gemeindemitgliedern finanziert worden. Sie wollten damit ihrer an der Front gefallenen oder vermissten Angehörigen sowie der Bombenopfer gedenken. Gemeindepfarrer Hans Frommhold führte in einem Zeitungsartikel noch ein weiteres Motiv für den Bau des Glockenspiels an: „Die ganz moderne Stadt mit ihrem kommerziellen Getriebe, ihrem Verkehr, mit ihrer Technik ist schon an sich ein Glockenspiel". In diesem Spiel fehle aber die Stimme, „die den Menschen zu den Werten ruft, die über ihm und seinem Leben stehen."

Das Kasseler Carillon war 1956 in Heidelberg innerhalb von neun Monaten gegossen worden und kostete 42 000 Deutsche Mark. Die 35 Glocken wogen zwischen 18 und 400 Kilogramm. 1989 und 1995 erfolgten zwei Erweiterungen, so dass die Zahl der Glocken auf 47 mit einem Tonumfang von vier Oktaven stieg. Bereits 1938 war in Kassel ein Glockenspiel installiert worden, und zwar auf dem Turm des Rathauses. Wie dieses überstand es nicht den Krieg.

18. Jahrhundert

Guerniero verschwand über Nacht

Oktogon mit Herkules und Kaskaden in einer Aufnahme aus dem Jahr 1936.

Herkules-Baumeister wurde fürstlich entlohnt

Im Jahr 1701 sah man einen lebhaften Mann auf dem Kamm des Habichtswaldes geschäftig hin und her eilen, er hielt einen Bündel Papiere in der Hand, gestikulierte und redete in einer fremden Sprache – Francesco Guerniero. Auf der Baustelle des Herkulesmonuments waren einige hundert Arbeiter dabei, Erde auszuheben, andere schleppten große Basaltblöcke heran. Im Auftrag des hessischen Landgrafen Karl hatte Guerniero die Baupläne für den Herkules mit den hangabwärts vorgelagerten Kaskaden ausgearbeitet und überwachte nun die Arbeiten.

Der kunstsinnige und baulustige Landgraf hatte Guerniero 1699 auf einer ausgedehnten Italienreise kennengelernt. Er war von dem Architekten so angetan, dass er ihn bat, Pläne für ein offenes barockes „Riesenschloss“ zu entwerfen. Der Vertrag kam 1701 zustande. Guerniero erhielt zunächst 29 000 Taler, um davon die ersten Bauarbeiten zu bezahlen. Neun Jahre später hatten sich die Kosten bereits auf über 200 000 Taler summiert. Zahlreiche Untertanen wurden zu Hand- und Spanndiensten herangezogen.

Guerniero persönlich bezog ein jährliches Honorar von 3000 Talern zuzüglich einer kostendeckenden Zulage für Wohnung und Verpflegung. Zwei Pferde, für die der Hof sorgte, standen ihm jederzeit zur Verfügung. Außerdem räumte ihm der Landgraf das fürstliche Privileg der freien Jagd und des Fischfangs ein. Die Monate zwischen Oktober und April durfte der sonnenverwöhnte Italiener in seiner Heimat verbringen.

Unverwechselbare Silhouette

In seiner Heimat hatte sich Guerniero bereits einen guten Namen gemacht. Seine Stärke waren künstlerische Fantasie und ein Blick für gute Standortwahl. So wählte er für den Hallenbau des Herkules-Oktogons eine Stelle genau in der Hauptachse des Wilhelmshöher Parks, der damals freilich noch längst nicht sein heutiges Aussehen hatte. Mit der Herkules-Pyramide auf der geschwungenen Linie des Habichtswaldes erhielt Kassel im Westen seine unverwechselbare markante Silhouette.

Noch über die Vorstellungen Landgraf Karls hinaus plante Guerniero für den „Karlsberg", wie er seinerzeit hieß, eine riesige Gesamtanlage von eineinhalb Kilometern Länge. Die Kaskaden sollten 100 Meter breit sein und bis hinunter zum heutigen Schloss Wilhelmshöhe führen. Er war von seinen Plänen so begeistert, dass er die Zeichnungen 1705 in Rom – wohl zu seiner eigenen Ehre – vervielfältigen ließ. Seine Entwürfe wurden jedoch im Laufe der Jahre mehrfach abgeändert, wobei die Gigantomanie – erfreulicherweise – am Ende auf der Strecke blieb.

Eine Daumenlänge von 0,47 Metern

Das gesamte Herkules-Bauwerk ist 70,5 Meter hoch. Davon entfallen 32,65 Meter auf das Oktogon, das „Riesenschloss", 29,60 Meter auf die aufgesetzte Pyramide und 8,25 Meter auf die Herkules-Statue. Diese hat einen Kopfumfang von 3,40 Metern und eine Daumenlänge von 0,47 Metern. Die hangabwärts vorgelagerten Kaskaden sind 250 Meter lang und bilden den oberen Teil des Verlaufs der Wasserspiele.

Im Herbst 1717 wurde die 8,25 Meter hohe, in Kupfer getriebene Herkules-Statue auf die Pyramide des achteckigen Oktogons gesetzt. Sie war in vierjähriger Arbeit vom Augsburger Goldschmied Johann Jakob Anthoni im Kasseler Messinghof hergestellt worden. Der Herkules ist eine Nachbildung der antiken Statue des griechischen Halbgottes Herakles. Intention Landgraf Karls war es, mit dieser Figur sich selbst als Kriegs- und Tugendheld darzustellen. Bereits 1714 waren zum ersten Mal die Wasser die Kaskaden hinuntergesprungen. Heute gehören die weltbekannten Wasserspiele zu den Attraktionen des Parks Wilhelmshöhe. Im Gesamteindruck stellt er sich als Landschaftsgarten englischen Stils dar, zu dem ihn vor gut 200 Jahren Kurfürst Wilhelm I. umwandelte. Doch das barocke „Riesenschloss" Guernieros, der Herkules, hat alle Veränderungen im Park überdauert.

Planungsfehler und Probleme mit dem Basalt

Weniger ruhmvoll war allerdings der Abgang des Architekten, denn Guerniero war plötzlich eines Tages nicht mehr da. Während der Arbeiten waren Planungsfehler offenbar geworden, und schon damals bekam man Probleme mit dem Baumaterial, den porösen Basalttuffquadern. Sie verhießen nichts Gutes für eine langfristige Stabilität des Oktogons. Als dann auch noch die finanziellen Mittel zu versiegen drohten, zog es Guerniero vor, 1715 bei Nacht und Nebel das Weite zu suchen. In Kassel hatte der Italiener bis dahin ein Vermögen verdient. Damit kaufte er in Rom ein repräsentatives Haus und setzte sich im Alter von fünfzig Jahren zur Ruhe.

Lehrer putzten Pfarrern die Schuhe

Landgraf Karl führte 1726 die allgemeine Schulpflicht ein

„So sollen vor erst und alle jede Eltern, gehalten seyn, ihre Kinder nicht kurtz vorher, wenn sie eingesegnet werden sollen, sondern aufs längste nach zurück gelegtem siebenden Jahr, bis solche das vierzehende Jahr jedesmalen, der Ordnung nach, erreichet, und also confirmiret, zur Schule zu schicken." Dieses Satzungetüm war der Kern der Verordnung, mit der Landgraf Karl am 1. Februar 1726 die allgemeine Schulpflicht in Hessen einführte. Auch die Verbesserung der Schulen hielt er für dringend erforderlich: „...weilen solche schier durchgehends auf dem Lande in schlechtem Stande jetzo sich befinden, mithin die Kinder in ihrem Christentum, auch Lesen und Schreiben, gemeiniglich sehr schlecht informiret werden ..."

Landgraf Karl, ein Landesfürst von hoher eigener Bildung, hatte klar erkannt, dass eine breite Wissensvermittlung die beste Investition in die Zukunft seines Landes sein würde. Vor allem das Volksschulwesen wies kapitale Mängel auf. Gingen Kinder überhaupt zum Unterricht, lernten sie zwar lesen und schreiben und Passagen des Katechismus auswendig. Rechnen lernten sie hingegen nicht. In den Dörfern fand im Sommer in der Regel gar kein Unterricht statt, weil die Kinder bei der Feldarbeit helfen mussten. Daher sei es auch, so der Landgraf in seiner Verordnung, „kein Wunder, dass die wenigsten gemeine Weibsleute recht lesen, die Mannespersonen aber nicht schreiben können, mithin zu einem Greben- (= Bürgermeister) oder Vorstehers-Ambt wenige mehr capabel (= geeignet) gefunden werden."

Bildungslücken auch beim Adel

Einige Jahrzehnte früher hatte sich schon einmal ein Landgraf mit einem Bildungsproblem befasst, und zwar beim hessischen Adel. Landgraf Moritz der Gelehrte (er beherrschte angeblich elf Sprachen) hatte bei der gesellschaftlichen und politischen Elite seines Landes „höchst mangelhafte Schulkenntnisse" ausgemacht, und er vermisste eine „tiefere intellektuelle Bildung". Um hier gegenzusteuern, gründete er 1595 eine Hofschule, die zur Bildung der fürstlichen Pagen und Söhne des Hofadels bestimmt war. Vier Jahre lang stand sie unter der Leitung des vielseitigen Lehrers Langonichus, der recht trinkfest gewesen sein soll. Dann wurde die Hofschule unter dem Namen Collegium Mauritianum mit einer Akademie vereinigt, die bislang von gebildeten Männern des Hofes und der Stadt besucht worden war.

Befanden sich die Volksschulen in einem traurigen Zustand, so die dort tätigen Lehrer nicht minder. Weil sie von ihrem kümmerlichen Gehalt allein nicht leben konnten, verdingten sie sich als Musiker, Boten oder sogar Stiefelputzer bei Pfarrern. Das erhöhte nicht gerade die Attraktivität dieses Berufes und bereitete Probleme bei der Nachwuchsgewinnung. Der eigene Bildungsstand war von der Art, dass viele Lehrer – vor allem auf dem Lande – selbst nicht einmal des Rechnens kundig waren.

Überwachung durch Pfarrer

Da erstaunt es auch nicht, dass in der landgräflichen Verordnung die Pfarrer zur Überwachung der Lehrer verpflichtet werden. Danach sollten sie darauf achten, „dass die Schulmeister des Spielens auf Hochzeiten, Kirchmessen ect. sich gänzlich enthalten müssen, hingegen aber ihr erlerntes Handwerk, wofern sie vom Schul-Dienst nicht allein subsistieren (= ihr Leben fristen) könnten, zu solchen Stunden wo keine Schule gehalten, treiben." Offensichtlich schwänzten also damals die Lehrer gern den Unterricht, wenn sich gerade eine lohnende Nebenbeschäftigung ergab.

Demjenigen, der gegen die Schul-Verordnung verstieß, wurden Strafen angedroht. Das half aber nur wenig, weil die Bezahlung der Lehrer miserabel blieb und sich daher bei den Volksschulen kaum etwas zum Besseren wendete. Richtig wirksam wurde die allgemeine Schulpflicht in Hessen erst rund 150 Jahre später, als in der nunmehrigen preußischen Provinz Hessen-Nassau die straffe preußische Schulpolitik umgesetzt wurde.

Landgraf Moritz der Gelehrte in einer zeitgenössischen Darstellung.

64 Gemälde auf einen Streich

Landgraf Wilhelm VIII. gründete Kasseler Gemäldegalerie

Schon als Prinz hatte der spätere Landgraf Wilhelm VIII. in jungen Jahren eine Vorliebe für die flämischen und holländischen Maler entwickelt, als er um 1700 herum eine in den damaligen Fürstenhäusern übliche „Kavalierstour" in ein anderes Land unternommen hatte. Die Reise hatte ihn aufgrund verwandtschaftlicher und religiöser Beziehungen zum regierenden Haus Oranien-Nassau in die damalige „Republik der Sieben Vereinigten Provinzen", die Niederlande, geführt. Dort trat er in den Militärdienst, machte schnell Karriere und zeichnete sich als General der Kavallerie im „Holländischen Krieg" (1672–1678/79) aus. Seinerzeit verteidigte Wilhelm III. von Oranien-Nassau die Unabhängigkeit seines Landes erfolgreich gegen die Heere des französischen Königs Ludwig XIV.

Zunächst Regent des Bruders

Eher widerwillig kehrte Prinz Wilhelm auf Weisung seines Vaters, Landgraf Karls, aus Holland nach Kassel zurück, um sich auf seine Zeit als künftiger Landesherr vorzubereiten. Eigentlich wäre das Erbprinz Friedrich geworden, aber der erlangte 1720 durch Heirat die schwedische Königskrone und ließ sich nur noch einmal in Hessen blicken. So übernahm Wilhelm nach dem Tod seines Vaters 1730 zunächst als Regent seines Bruders die Verwaltung der Landgrafschaft. Als 1751 Friedrich kinderlos starb, trat Wilhelm VIII. auch offiziell die Nachfolge als regierender Landgraf an.

Der Hessen-Prinz, sechster Sohn Landgraf Karls, schlug sich so gut, dass man ihn schon im Alter von dreißig Jahren zum Gouverneur von Breda und später von Maastricht ernannte. Wilhelm erwarb Landbesitz und begann sich in Holland so wohlzufühlen, dass er immer weniger an eine Rückkehr nach Kassel dachte. Er begann sich für die niederländische Malerei zu interessieren, er besuchte Maler in ihren Ateliers und nahm Kontakte zu Kunsthändlern auf. Seine Einkünfte als Gouverneur gestatteten es ihm, mit dem Sammeln von Gemälden zu beginnen.

Fünfzig Jahre später war die Furcht vor der Konkurrenz groß und der Gegenstand, um den es ging, von hohem Kunstwert: die komplette Bildersammlung des bekannten Sammlers Valerius van Reuver, der im holländischen Delft verstorben war. Der hessische Landgraf Wilhelm VIII. ging denn auch besonders vorsichtig zu Werke. Monatelang führte er mithilfe von Vertrauensleuten geheime Verkaufsverhandlungen, nichts drang nach außen. Im August 1750 gelang der große Coup. Zum Preis von 40 000 holländischen Gulden gingen 64 erstrangige Gemälde, darunter acht Rembrandts, auf einen Schlag in den Besitz des Landgrafen über. Dazu gehörten Rembrandts „Selbstbildnis mit Sturmhaube", der „Greis mit goldener Kette" und die „Saskia im Profil".

Mit dieser spektakulären Erwerbung stieg die Rembrandt-Sammlung des Landgrafen schon damals zu einer der größten in Europa auf. Heute ist sie im Schloss Wilhelmshöhe zu sehen, in dem sich – neben der Antikensammlung - die weltberühmte Kasseler Gemäldesammlung Alte Meister befindet. Gegründet wurde sie von Wilhelm VIII., den zeitlebens seine

Sammler-Leidenschaft umtrieb. Seine Kunstagenten traten in beinahe allen bedeutenden Auktionshäusern Europas auf. Der wichtigste Einkaufsmarkt war anfangs Holland, doch im Laufe der Jahre schickte der Landgraf seine Kunstexperten und Diplomaten auch in Paris, Venedig, Brüssel sowie in Hamburg und Frankfurt auf Bildersuche. Wichtige Berater Wilhelms waren der Frankfurter Gemäldesammler Baron von Häckel, der Holländer Govert van Slingeland und der Kunsthändler Gerard Hoet in Den Haag.

Diese Herren agierten außerordentlich erfolgreich. So beschaffte Hoet durch geschickte Verhandlungen in Antwerpen das Hauptwerk der Rubens-Sammlung, den „Triumph des Siegers". Wilhelm VIII. kaufte jedoch niemals die Katze im Sack, sondern ließ die Angebote möglichst immer von einem anderen Experten begutachten. In diesem Fall war es Slingeland, der auch selber Gemälde verkaufte. Auch aus Paris gelangten zunehmend wertvolle Bilder nach Kassel. So wurde Anfang 1750 von einem französischen Marschall der „Bauerntanz vor dem Wirtshaus" erworben, ein Werk des flämischen Malers David Teniers. Dafür musste der Landgraf „einen hauffen Geld" auf den Tisch legen, wie es damals hieß.

Blick in die Gemäldegalerie Alte Meister im Schloss Wilhelmshöhe.

„Jakobssegen" als Glanzpunkt

In der Mitte des 18. Jahrhunderts umfasste die landgräfliche Sammlung bereits über 500 Gemälde (am Ende sollten es 800 werden), und es ergaben sich Unterbringungsprobleme. Zwischen 1749 und 1751entstand daher ein eigener, inzwischen verschwundener Galeriebau an der Kasseler Fünffensterstraße. In dieser Zeit kaufte Wilhelm VIII. von einem Hamburger Kunsthändler den „Jakobssegen", das bedeutendste Spätwerk Rembrandts. Es gilt heute als der Glanzpunkt der Kasseler Gemäldegalerie. Zum Spitzenstück der Italien-Sammlung wurde Tizians „Feldherrenporträt", das die hessischen Kunstagenten 1756 in Paris erwarben.

In der Sababurg versteckt – und entdeckt

Einen schweren Verlust erlitt die Gemäldegalerie 1806 während der Franzosenherrschaft unter König Jérôme, dem jüngsten Bruder Napolons I. Kurz vor dem Einmarsch seiner Truppen versteckte man 48 Hauptwerke in der Sababurg im Reinhardswald. Ob durch Zufall oder Verrat – die Bilder wurden entdeckt und als Kriegsbeute nach Frankreich gebracht. Ein Großteil gelangte in den Besitz der Kaiserin Josephine, die damit ihr Schloss Malmaison bei Paris ausstattete. 1814 machten ihre Erben durch Verkauf an den russischen Zaren die Gemälde zu Geld. Die meisten gelangten in die Sammlung der Eremitage von St. Petersburg, andere tauchten später in London auf. 1807 beschlagnahmten die Franzosen in Kassel nicht weniger als 299 Bilder, die ein Jahr später im Pariser Louvre gezeigt wurden. Und Jérôme selber nahm, als er 1813 aus Hessen fliehen musste, noch einmal 165 Gemälde mit. Nach der endgültigen Niederlage Napoleons konnte eine hessische Delegation unter Führung Jakob Grimms einen Großteil dieser „Kriegsbeute" zurückführen.

Die Legende um den kleinen Trommler

Die Schlacht von Wilhelmsthal

„Zum Sturm Grenadiers, zum Sturm, zum Sturm!" – diesem Trommelsignal eines Bauernjungen soll es nach einer Legende zu verdanken sein, dass im Siebenjährigen Krieg die alles entscheidende Schlacht bei Wilhelmsthal am 24. Juni 1762 gegen die Franzosen gewonnen wurde. Der Sieger war Herzog Ferdinand von Braunschweig, der eine Koalitionsarmee aus Hessen, Engländern, Braunschweigern und Hannoveranern anführte. In den Jahren danach entstand die Legende vom „Tambour von Wilhelmsthal", die sich die Menschen vor allem im Nordhessischen abends gern am Herdfeuer erzählten. Wahr an der Geschichte ist zumindest, dass man damals nichts dabei fand, Jugendliche oder sogar Kinder als Trommler unter die Soldaten zu stecken.

Der Legende nach hatte der Bauernjunge während des Ziegenhütens in der Nähe des Ortes Burguffeln auf seiner Flöte eine Melodie gespielt, die einem vorbeikommenden Leutnant bekannt war. Der Offizier sprach den Jungen darauf an, und es stellte sich heraus, dass er der Sohn eines verstorbenen Tambours war. „Komm morgen zu unserem Quartier … Du wirst der neue Tambour", befahl der Leutnant, und so geschah es auch. Ein Sergeant brachte dem kleinen Burschen das erste Trommelspiel bei – es war das Signal zum Angriff.

Kurz darauf entbrannte die Schlacht nahe dem Schloss Wilhelmsthal, und man sah den neuen Tambour – kaum größer als seine Trommel – tapfer in der Gefechtslinie mitmarschieren. Doch dann entstand eine für die Alliierten prekäre Lage. Der Herzog von Braunschweig sprengte, so die Legende, auf seinem Pferd heran und befahl, um einen vorübergehenden Rückzug einzuleiten, das Signal „zum Sammeln" zu geben. Er fuhr den zunächst etwas verdatterten kleinen Tambour mächtig an, doch endlich die Trommel zu rühren. Der tat das denn auch – nur: Er trommelte das, was er gerade gelernt hatte, die Aufforderung zum Angriff. Dem Herzog schwoll die Zornesader, doch dann hörte er, wie alle Tamboure entlang der Gefechtslinie das Sturm-Signal aufnahmen. Mit den Worten „Nun, was Gott will, soll geschehen" zog er seinen Degen und setzte sich an die Spitze der stürmenden Grenadiere.

Angriff nach Diemel-Überquerung

Nun, so einfach wurde der Sieg bei Wilhelmsthal natürlich nicht errungen. Der bedeutsame Tag begann zwar auch mit Trommelwirbel, aber als erste bekamen die französischen Tamboure zu tun: Am Morgen des 24. Juni 1762 schlugen sie Generalalarm und schreckten die Soldaten in ihren Quartieren zwischen Zierenberg und dem Reinhardswald auf. 57 000 Hannoveraner, Braunschweiger, Hessen und Engländer hatten an mehreren Stellen die Diemel überquert und formierten sich überall zum Angriff. Ihr Oberbefehlshaber, Herzog Ferdinand von Braunschweig, plante eine klassische Umfassungsschlacht, mit der er die 72 000 Franzosen schlagen oder womöglich zur Kapitulation zwingen wollte.

Seine überraschten Gegenspieler, die Marschälle d' Estrées und Prinz Soubise, hatten im Vertrauen auf ausgestreckte geheime Friedensfühler Londons nach Paris an keine alliierte Offensive mehr geglaubt. Der für sie rabenschwarze Tag endete mit der verlorenen Schlacht bei Wilhelmsthal. Sie führte wenige Monate später zum endgültigen Abzug der Franzosen aus der Landgrafschaft Hessen-Kassel, die im Siebenjährigen Krieg Verbündeter Preußens und Englands war.

Doch zurück zum 24. Juni 1762: Auf dem rechten Flügel der Alliierten führte der englische General Granby über Breuna und Hohenborn den Angriff bis in den Raum Zierenberg und schwenkte dann in Richtung Fürstenwald und Meimbressen. Auf dem linken Flügel war zunächst der Offenberg nahe Carlsdorf das Angriffsziel. Bereits drei Tage zuvor hatten hessische Jäger die Sababurg im Reinhardswald erobert, um dem von Northeim aus anrückenden hannoverschen General von Luckner den Durchzug durch das Waldgebiet zu sichern. Erbitterten Widerstand leisteten die Franzosen bei Grebenstein, das stundenlang umkämpft war.

Entscheidung im Tiergarten

Alarmiert durch die Zangenbewegung der Alliierten, ließ das französische Oberkommando ihre zwischen Burguffeln und Meimbressen stehenden Hauptkräfte im Eilmarsch nach Kassel abrücken. Den Abzug deckten Elitetruppen unter General Stainville, die sich im sogenannten Tiergarten nordwestlich von Schloss Wilhelmsthal vor allem den Regimentern General Granbys entgegenstellten. Die wachsende alliierte Übermacht gab den Ausschlag, die Soldaten Stainvilles räumten geschlagen das Feld. Rund 3000 Gefallene – meist Franzosen – wurden wahrscheinlich entlang der Mauer des Schlossparks beerdigt.

In den Krieg hineingeschliddert

Die Landgrafschaft Hessen-Kassel war Mitte des 18. Jahrhunderts durch ein Vertragsgeflecht mit Preußen und England verbündet, nachdem sie sich durch ihre engagierte Beteiligung am Widerstand gegen die Eroberungsfeldzüge von Frankreichs König Ludwig XIV. an Rhein und Mosel gegen Ende des 17. Jahrhunderts den Zorn des mächtigen „Sonnenkönigs" zugezogen hatte. In den Siebenjährigen Krieg (1756–1763) schlidderte Hessen sozusagen hinein. Denn entfacht hatte ihn Preußenkönig Friedrich II., nachdem er sich zuvor in zwei Feldzügen gegen Österreich Schlesien einverleibt hatte. Kaiserin Maria Theresia fand sich jedoch mit diesem Verlust nicht ab und schmiedete gegen Preußen ein breites Militärbündnis, dem als stärkste Partner Russland und Frankreich angehörten.

Für Preußen, dessen König man später noch zu seinen Lebzeiten Friedrich den Großen nannte, wurde es ein Kampf ums staatliche Überleben. Nach einer Reihe glänzender Siege, aber auch mehrmals am Rande der totalen Niederlage taumelnd, konnte sich Friedrich am Ende nur behaupten, weil eine Koalitionsarmee aus Engländern, Hannoveranern, Braunschweigern und Hessen seine Westflanke gegen immer wieder vorstoßende französische Heere weitgehend abschirmte.

Bei der letzten größeren Kampfhandlung am 23. Juli durchwateten hessische Grenadiere bei Wilhelmshausen und Speele die Fulda und eroberten auf den Uferhöhen feindliche Schanzen. Kassel blieb jedoch französisch besetzt. Erst am 4. November 1762 akzeptierte die Garnison eine ehrenvolle Kapitulation.

Dem Showdown bei Wilhelmsthal waren in den Jahren zuvor viele Einzelgefechte vorausgegangen. Am 23. Juli 1758 unterlag auf dem Sandershäuser Berg bei Kassel Prinz Casimir von Isenburg mit 5800 hessischen Soldaten einer französischen Übermacht. Ihr Rückzug nach Münden wurde durch Jäger gedeckt, die sich im Gut Ellenbach verschanzt hatten. An der Landstraße von Sandershausen nach Landwehrhagen erinnert ein Gedenkstein an das Gefecht. Am 10. Oktober waren die Franzosen auch bei Lutterberg siegreich. Bei der Belagerung Kassels durch die Alliierten im Frühjahr 1761 entbrannte auf dem Möncheberg ein verlustreicher Kampf, als die Franzosen einen Ausfall machten. Und am 21. September verteidigten sich schottische Soldaten in einem bizarren Gefecht auf dem Herkules-Oktogon zuletzt mit steinernen Ornamenten, die sie auf angreifende französische Infanteristen hinabschleuderten.

Weite Landstriche entvölkert

Der Siebenjährige Krieg brachte mit Hungersnöten und Krankheiten viel Leid über die Menschen der Region. Kassel, das viermal besetzt war, musste zweimal die Schrecken einer längeren Belagerung ertragen. Weite Landstriche waren entvölkert. Ein hessischer Offizier schrieb damals, er habe bei einem Ritt durch sieben Dörfer nur einen einzigen Menschen getroffen, einen Prediger.

Das Rokokoschloss Wilhelmsthal wurde zwischen 1743 und 1761 als Lust- und Jagdschloss für Landgraf Wilhelm VIII. erbaut.

19. Jahrhundert

Flucht Jérômes im Nachthemd

Heizung setzte Landgrafenschloss in Brand

Im Jahre 1811 hatte der Winter schon früh in Kassel Einzug gehalten, und in der Nacht auf Sonntag, den 24. November, war es mit 20 Grad minus besonders frostig. Im alten Landgrafenschloss über der Fulda heizte denn auch die Dienerschaft kräftig ein, damit Jérôme, seit 1807 König des von Napoleon neu geschaffenen Königreichs Westfalen, in seinem Schlafgemach nicht zu tief unter seine Decke kriechen musste. Der mag sich gerade in dieser Nacht beglückwünscht haben, dass er seinen Hofbaumeister de Montigny eine neuartige Zentralheizung in das Schloss hatte legen lassen. Dazu waren die zahlreichen alten Öfen entfernt worden, und stattdessen leiteten zentral beheizte Kupferröhren die Wärme in die Räume.

Diese frühzeitliche Bodenheizung – die Rohre hatte man nämlich unter die hölzernen Fußböden verlegt – hatte bisher auch gut funktioniert. Doch in jener bitterkalten Nacht taten die Diener des Guten zu viel: Sie verfeuerten so viel Holz, dass die Kupferrohre zum Glühen gebracht wurden. Das Holz darüber nahm das natürlich übel, es begann zu glimmen, bis fast überall Flammen hochschlugen. Das ging so schnell, dass eine geordnete Evakuierung des Schlosses nicht mehr möglich war. Es setzte eine chaotische Flucht ein, und mittendrin König Jérôme. Ihn sah man, im Nachthemd und einem übergeworfenen Mantel, über die schon brennenden Korridore ins Freie eilen. Über einen Fuß hatte er einen Stiefel ziehen können, der andere steckte noch im Pantoffel.

Kronleuchter stürzte auf Soldaten

Chaotisch war auch das, was danach folgte, nämlich die Löschversuche. Die Feuerspritzen versagten ihren Dienst, weil das Wasser nach kurzer Zeit gefror. Kasseler Bürger, die ihre Hilfe bei der Rettung des kostbaren Mobiliars und der Gemälde anboten, ließ Jérôme nicht ins Schloss – wohl aus Angst, dass das ein oder andere Stück verschwinden würde. Dafür wurde das Militär geholt; aber die Soldaten stellten sich ungeschickt an, machten viel Bruch und sicherten zum großen Teil Gegenstände, die nicht wertvoll waren. Mehrere von ihnen wurden zerschmettert, als im „Goldenen Saal" ein schwerer Kronleuchter von der brennenden Decke herabstürzte. Beinahe wäre auch Jacob Grimm bei der Rettung der Schlossbibliothek umgekommen, die ihm aber weitgehend gelang. Während der Jérôme-Herrschaft war er Privatbibliothekar des Königs.

Als das Feuer auch in den frühen Morgenstunden noch wütete, verfiel Jérôme auf die wahnwitzige Idee, vom Marställer Platz aus das Schloss mit Kanonen zusammenzuschießen, um so den Brand zu ersticken. Sein Artillerie-General Allix konnte ihn aber davon abbringen mit der Warnung, dass dann die gesamte Unterneustadt gefährdet würde. Die Schadensbilanz war umfangreich und enthielt auch diese Kostbarkeit: ein von Lucas Cranach gemaltes Bild Landgraf Philipps des Großmütigen, der das nun untergegangene Schloss 1556 im Renaissance-Stil errichtet hatte. Es wurde niemals wieder aufgebaut.

Vom verschneiten Park begeistert

Im Jahre 1807 hatte Jérôme, der jüngste Bruder des französischen Kaisers Napoleon Bonaparte, zum ersten Mal Bekanntschaft mit dem strammen nordhessischen Winter gemacht. Das war am 7. Dezember, als er sich mit einer Kutsche zum Schloss Wilhelmshöhe bringen ließ. Als er ausstieg, bibberte er zwar in der für ihn ungewohnten Kälte, aber gleichzeitig erging er sich nach Berichten von Augenzeugen in den höchsten Tönen über die Pracht des tief verschneiten Parks. Wie ihn überhaupt die ganze frühere Landgrafen-Residenz „sehr konvenierte", wie es hieß. Er dürfte also nur zu gern Kassel als Hauptstadt seines Königreiches akzeptiert haben. Am 10. Dezember hielt Jérôme von der Wilhelmshöhe aus, die den Namen Napoleonshöhe erhielt, einen glänzenden Einzug in die Stadt.

Neue fortschrittliche Verfassung

Im Pariser „Moniteur" war damals zu lesen, Kassel sei „eine sehr brillante Stadt mit der schönsten Umgebung". Und dann folgte die Behauptung, dass ihre Bewohner die Ankunft des königlichen Paares – kurz zuvor hatte Jérôme die württembergische Königstochter Katharina geheiratet – „mit Ungeduld" erwarteten. Das war natürlich eine freundliche Übertreibung. Gleichwohl setzten die liberalen Geister Hessens zunächst große Hoffnungen in Jérôme. Er war 23-jährig von Napoleon zum König gemacht worden, nachdem der Kaiser Preußen am 14. Oktober 1806 in der Doppelschlacht von Jena und Auerstedt vernichtend geschlagen und zum Friedensschluss gezwungen hatte. Napoleon, nun weitgehend Herr über Europa, formte aus einem großen Teil Preußens und Hannovers sowie aus Braunschweig und Kurhessen das Königreich Westfalen.

Porträt König Jeromes in einer Darstellung jener Zeit.

Für das neue Staatsgebilde führte Jérôme eine ganz aus dem französischen Zeitgeist geborene Verfassung ein: Sie beseitigte alle Standesprivilegien, verkündete die Freiheit der Religion und die Gleichheit der Bürger vor dem Gesetz. Das stieß in den aufgeklärten Kreisen des Landes auf große Zustimmung. Dort trauerte man dem alten Kurfürsten Wilhelm I., dem im letzten Moment die Flucht nach Prag gelungen war, kaum nach. Er war ein absolutistischer Herr gewesen, der seine Untertanen bis ins Einzelne bevormundete und sich gegen das neue Ideal „Freiheit, Gleichheit, Brüderlichkeit" stemmte. Um die seit der französischen Revolution vielerorts in Mode gekommene neue Tracht lächerlich zu machen, ließ er beispielsweise die mit Ketten beschwerten, zur Straßenreinigung eingesetzten Strafgefangenen mit Zylinder, weitem Frack, langen Drillichhosen und fast ellenlangen Schnabelschuhen ausstaffieren.

Schon kurze Zeit nach Beginn der Herrschaft Jérômes wurde indes erkennbar, dass Verfassungs-Anspruch und Wirklichkeit zweierlei Dinge waren. Die Verwaltung griff zunehmend zu polizeistaatlichen Mitteln und zerrüttete die Staatsfinanzen. Die bisher so stille Residenz verwandelte sich in eine lärmende Königsstadt. Die Mieten stiegen um das Vierfache, die Stadt füllte sich mit Abenteurern, Geschäftsleuten und Tänzerinnen von oft zweifelhaftem Ruf. Eine Neuerscheinung im Straßenbild waren die Bänkelsänger und Musikanten, die bis in die Nacht mit Drehorgeln, Zithern und Geigen durch die Gassen zogen. Neue Restaurants und Cafés schossen überall wie Pilze aus dem Boden.

Gerücht von Rotweinbädern

Jérôme selbst gestaltete sich sein Leben in Kassel so angenehm wie möglich. Ein Fest mit üppigen Gelagen jagte das nächste, für seine galanten Abenteuer bevorzugte er das Schlösschen Schönfeld. Pauline von Schönfeld, eine Tochter der Prinzessin Ernestine von Löwenstein, erhielt ihren Namen nach dieser Stätte der Lust. In dem von einem Franzosen geführten Café „Murry unter den Arkaden" konnten Kassels Bürger für nur fünf Groschen eine Flasche Rotwein trinken: Der Konsum nahm merklich ab, als das Gerücht umging, dass der preiswerte Wein von Rotweinbädern herrührte, die Jérôme angeblich an manchen Abenden im Schloss nahm. Sein Ausspruch „morgen wieder lustik" brachte Jérôme den Spitznamen „König Lustik" ein. Seine Verschwendungssucht wurde sprichwörtlich.

Unruhen und Erhebungen

In der hessischen Bevölkerung kam das alles nicht gut an. Schon um die Jahreswende 1806/07 flackerten in mehreren hessischen Orten mit Schwerpunkt Werra-Gegend Unruhen und Erhebungen auf, die vor allem von entlassenen Soldaten der einstigen kurhessischen Armee getragen wurden. Französisches Militär schlug den Aufruhr nieder, zahlreiche Aufständische wurden erschossen. Im April des Jahres 1809 nahm mit Wilhelm Freiherr von Dörnberg ein zuletzt in preußischen Diensten bewährter Offizier die Sache in die Hand. Der Versuch, Jérôme überfallartig in Kassel festzusetzen, schlug jedoch fehl, weil eine Widerstandsbewegung unter dem Frielendorfer Friedensrichter Sigismund Martin zu früh losschlug. Nach der Völkerschlacht bei Leipzig 1813 brach jedoch das Napoleonische Machtsystem zusammen, und Jérôme musste noch im selben Jahr Kassel fluchtartig verlassen.

Märchenstoff von der Marktfrau

Die „Viehmännin" war Fundgrube für die Brüder Grimm

Es war einmal eine arme Schneidersfrau, die verkaufte mehrmals in der Woche auf dem Markt Kartoffeln und Gemüse. Sie brauchte das Geld, um sich und ihre Kinder durchs Leben zu bringen. Da kamen eines Tages zwei Brüder zu ihrem Stand, prüften ihre Ware, fragten dies und das und merkten, dass sie viele Märchen und Sagen kannte. Da baten sie die Marktfrau, ihnen doch regelmäßig Eier und Gemüse in ihre Wohnung zu bringen und dabei immer einige ihrer Geschichten zu erzählen. Und so geschah es. Die beiden Brüder schrieben auf, was sie hörten und machten später, zusammen mit anderen Geschichten, ein Buch daraus – es war der zweite und wohl wichtigste Band der von Wilhelm und Jacob Grimm gesammelten „Kinder- und Hausmärchen". Ihre Hauptquelle war Dorothea Viehmann, damals auch die „Viehmännin" genannt.

Die Brüder Grimm schrieben dazu diese Zeilen: „...Einer jener guten Zufälle aber war die Bekanntschaft mit einer Bäuerin aus dem nahe bei Cassel gelegenen Dorfe Zwehrn, durch welche wir einen ansehnlichen Theil der hier mitgetheilten ... hessischen Märchen erhalten haben. Diese Frau, noch rüstig und nicht viel über fünfzig Jahr alt, heißt Viehmännin, hat ein festes und angenehmes Gesicht, blickt hell und scharf aus den Augen, und ist wahrscheinlich in ihrer Jugend schön gewesen."

Geschichten von Reisenden

Ein nicht minder guter Zufall war es, dass Dorothea Viehmann im „Gasthaus zum Birkenbaum", der heutigen Knallhütte, bei Rengershausen aufwuchs. Geboren wurde sie am 8. November 1755 als Kind der hugenottischen Familie Pierson. Ihr Vater hatte drei Jahre zuvor den Gasthof und die dazu gehörende Brauerei übernommen. Das Gasthaus lag an der Straße von Kassel nach Frankfurt und war beliebter Einkehrort von Kaufleuten, Handwerksburschen und Fuhrleuten. Von diesen nun erfuhr die aufgeweckte Dorothea schon als junges Mädchen zahlreiche Geschichten, Märchen und Sagen und bewahrte sie so gut in ihrem Gedächtnis auf, dass sie ihr noch Jahre später präsent waren.

Sie war 32 Jahre alt, als sie den Schneider Nikolaus Viehmann heiratete. Im Jahr 1787 zog sie mit ihm nach Zwehren, damals noch ein Dorf vor den Toren Kassels. Dann starb ihr Mann, und Dorothea musste zusehen, wie sie allein ihre vier Kinder ernährte – drei waren schon bald nach ihrer Geburt gestorben. Sie baute in ihrem Garten verschiedene Gemüse, Kartoffeln und Beerenobst an und bot sie dann auf dem Markt in Kassel feil. Vermutlich hat sie auch bäuerliche Produkte vom elterlichen Anwesen bei Rengershausen verkauft.

Weltoffen und gebildet

So sahen die Brüder Grimm in ihr zunächst eine einfache Bäuerin, stellten aber sehr bald fest, dass Dorothea Viehmann eine weltoffene, ja gebildete Frau war, die zudem die französische Sprache beherrschte. Ihre Geschichten erzählte sie „bedächtig, sicher und ungemein lebendig mit eigener Freude daran", so die Grimms. Auf Wunsch sprach sie langsam zum Mitschreiben und musste sich bei einer späteren Wiederholung niemals in der Sache korrigieren, was den beiden Brüdern besonders imponierte. Wegen der hugenottischen Herkunft Dorothea Viehmanns fanden auch französische Märchenvariationen Eingang in die Grimmsche Sammlung.

Zu Weihnachten 1812 war der erste Band der „Kinder- und Hausmärchen" herausgekommen. Bei der Zusammenstellung der Texte stand den Brüdern Grimm ein Kreis von Freunden zur Seite, darunter die Dichterin Annette von Droste-Hülshoff. Besonders urig-volkstümliche Geschichten wusste der pensionierte Dragonerwachtmeister Johann Friedrich Krause zu erzählen. Die meisten Geschichten mussten jedoch in zeitraubender Arbeit überarbeitet und geglättet werden. Nicht wenige enthielten nicht ganz stubenreine Bestandteile, die die Grimms dann wegließen.

Mit dem zweiten Band – erschienen 1812 – kamen Wilhelm und Jacob Grimm dank Dorothea Viehmann erheblich schneller voran. Sie lieferte ihnen nicht nur den Stoff für fast 40 Märchen, sondern animierte sie auch – natürlich unwissentlich – zu einer Neuauflage des ersten Bandes: Rund die Hälfte des Textes war stark überarbeitet, und ein Viertel der Geschichten durch neue ersetzt. Auf die Herausgabe eines dritten Sammelbandes verzichteten die Grimms, als Dorothea Viehmann am 17. November 1817 starb. Die „Kinder- und Hausmärchen" sind in mehr als 160 Sprachen übersetzt und heute weltberühmt.

Die von Dorothea Viehmann erzählten Geschichten gaben den Stoff für die schönsten Märchen der Brüder Wilhelm (links) und Jacob Grimm (undatierter Holzstich nach einem Gemälde von Louis Katzenstein (1822 - 1907).

Jubel nach dem Taschentuch-Signal

Bürger setzten liberale Verfassung durch

Fast die gesamte Einwohnerschaft Kassels war auf dem Friedrichsplatz versammelt, als am 15. September 1830 der hoch angesehene Oberbürgermeister Karl Schomburg an der Spitze des Magistrats und weiterer Deputierter Kurfürst Wilhelm II. in dessen Palais eine mit zahlreichen Unterschriften gefüllte Bittschrift überreichte. Darin wurde um die Einberufung der seit 1816 nicht mehr versammelten Landstände und um die Ausarbeitung einer Verfassung ersucht. Schomburg begründete den Vorstoß mit der allgemeinen Unzufriedenheit über die wirtschaftliche Not im Lande, durch die es auch zu offenen Unruhen gekommen war. Vor allem aber war es der absolutistische Regierungsstil des Kurfürsten, der den Ruf nach einer zeitgemäßen Verfassung immer lauter hatte werden lassen.

Kurfürst Wilhelm II., der sich seit der Regierungsübernahme 1821 praktisch in einem Dauerkonflikt mit der Bürgerschaft befunden hatte, nahm die Petition „gnädig" und „unter Tränen" entgegen, wie es später hieß. Er stimmte der baldigen Berufung der Abgeordneten zum Landtag zu und akzeptierte auch die Pläne für eine Verfassung. Mit banger Ungeduld hatte die Menschenmenge draußen auf dem Friedrichsplatz auf das Ergebnis der Unterredung gewartet. Jubel brach aus, als der Küfermeister Karl Herbold an einem Fenster des Palais ein Taschentuch schwenkte – es war das verabredete Zeichen für den guten Ausgang.

Ein eigenes Parlamentsgebäude

Die Einberufung der Landstände erfolgte bereits am 19. September, der Landtag trat am 16. Oktober zusammen. Die Kurhessische Verfassung, die das Parlament ausarbeitete, war für die damalige Zeit ungewöhnlich fortschrittlich. Man zählte sie zusammen mit der belgischen zu den liberalsten Verfassungen in Europa. Sie ermöglichte sogar eine Ministeranklage, einem Vorläufer der parlamentarischen Verantwortlichkeit der vom Landesfürsten ernannten Minister. Am 8. Januar 1831 wurde die Verfassung feierlich verkündet. Im selben Jahr stimmte der Kurfürst auch dem Bau eines eigenen Parlamentsgebäudes zu. Das 1836 errichtete Ständehaus diente fortan den Landständen als Tagungsort.

Bessere Einsicht war es freilich nicht, die Kurfürst Wilhelm zu diesen Zugeständnissen veranlasste. Dazu war er viel zu selbstherrlich und autoritär. Vielmehr stand er unter dem Druck der Straße. Schon in der französischen Herrschaft unter König Jérôme war revolutionär-liberales Gedankengut nach Hessen gekommen. Und dann brach in Frankreich die Juli-Revolution von 1831 aus und verbreitete ihre Ideen in ganz Europa. Das führte auch im Kurfürstentum zu Aufruhr und Unruhen.

Maitresse verachtet und gehasst

Die Kluft zwischen Kurfürst und Volk wurde noch vergrößert durch einen Skandal im Privatleben Wilhelms. Verheiratet war er seit 1797 mit Prinzessin Auguste, Tochter des preußischen Königs Friedrich Wilhelm II. Aber im Jahr 1813 holte er seine Maitresse Emilie Ortlöpp nach Kassel, die er in Berlin kennengelernt hatte. Er verlieh ihr den Titel Gräfin von Reichenbach und erwarb für sie an der Kasseler Königstraße ein Palais mit Verbindungstüren zu seinem Weißen Palais an der Ecke zum Friedrichsplatz. Diese Dauer-Liaison kam in der Bürgerschaft ganz schlecht an. Sie nahm offen Partei für Kurfürstin Auguste und ließ die neue Gräfin ihre tiefe Verachtung spüren.

Zum großen Knall kam es ausgerechnet im Januar 1831, als man abends in Kassel mit Illumination und Fackelzug die neue Verfassung feierte. Mitten hinein platzte die Nachricht, dass die verhasste, zwischenzeitlich abgereiste Maitresse von Frankfurt am Main zurückgekehrt und zunächst im Wilhelmshöher Schloss abgestiegen war. Auf den Straßen und in den Gasthäusern wurden Verwünschungen gegen sie und den Kurfürsten laut, Gruppen wütender Bürger zogen lärmend vor das Palais Reichenbach und warfen Fensterscheiben ein. Eine andere Volksmenge bedrohte, nur mühsam von Soldaten zurückgehalten, das Wilhelmshöher Schloss.

Die Gräfin reiste daraufhin fluchtartig wieder ab. Im März folgte ihr der Kurfürst mitsamt seinem Hofstaat nach Hanau und übertrug später seinem Sohn Friedrich Wilhelm als Regent die Regierungsgeschäfte. Wilhelm II. kam nie wieder zurück nach Kassel, womit er faktisch abdankte.

Als die Bittschrift zur Einberufung der Landstände, überreicht vom Kasseler Oberbürgermeister Karl Schomburg, von Kurfürst Wilhelm II. gnädig angenommen wurde, gab Küfermeister Karl Herbold (rechts) das verabredete Taschentuchsignal. Diese Szene wurde von Ludwig Emil Grimm gemalt.

Keimzelle war eine Apotheke

Pharma-Unternehmen von Weltruf

Als Julius Wilhelm Braun 1839 die Melsunger Rosenapotheke erwarb, ahnte noch niemand, dass sich daraus dereinst ein Unternehmen von Weltrang entwickeln würde. Man sammelte heimische Heilpflanzen und begann mit dem Versand an Drogeriegroßhandlungen. Unter Bernhard Braun wurde der Apothekerbetrieb 1864 um den überregionalen Handel mit chemisch-pharmazeutischen Produkten erweitert. 1867 erfolgte die Eintragung der Firma „B. Braun Melsungen" ins Handelsregister der Stadt. Nach 1900 firmierte das Familienunternehmen als offene Handelsgesellschaft, ab 1971 als Aktiengesellschaft.

Dr. Bernd Braun, Mitinhaber des Pharma- und Medizinbedarfsunternehmens B. Braun Melsungen und Leiter der wissenschaftlichen Abteilung des Hauses, hatte als Truppenarzt den Zweiten Weltkrieg vom Anfang bis zum bitteren Ende mitgemacht. Er hatte zahllosen Verwundeten das Leben gerettet, aber auch hilflos mit ansehen müssen, wenn Männer starben, weil nicht genügend medizinische Hilfsmittel zur Verfügung standen.

Dann geriet Braun in US-Kriegsgefangenschaft, und die Amerikaner setzten ihn nach 1945 in Kriegsgefangenen-Lazaretten in Südfrankreich ein. Dort gingen dem deutschen Arzt die Augen über, als er mit den neuesten medizinischen Fortschritten in den angelsächsischen Ländern vertraut gemacht wurde. Er lernte die Blutbanken mit ihren Blut- und Plasma-Konserven kennen sowie die neuartigen Einmal-Übertragungsgeräte aus Kunststoff. Mit einer Fülle von Anregungen kehrte Bernd Braun in das Melsunger Werk zurück und machte sich daran, sie in die Tat umzusetzen. Das Unternehmen unter der Leitung seines Bruders Otto Braun hatte während des Krieges stark gelitten, Teile der Produktionsstätten lagen 1945 in Trümmern.

Ein Eckpfeiler des Aufschwungs

Im Jahr 1948 unternahm Dr. Bernd Braun mehrere Auslandsreisen, um verlorengegangene Marktanteile zurückzugewinnen. Im Unternehmen fasste man wieder Mut zu neuen Entwicklungen. Man baute die Abteilung „Kunststoffe" aus und erlebte einen überwältigenden Erfolg, der sich mit der Produktion von Infusionslösungen fortsetzte. Kontinuierlich stieg die Zahl der Beschäftigten von 710 in 1956 auf über 2000 Mitte der sechziger Jahre – die vielen tausend Mitarbeiter im Ausland nicht mitgerechnet. Der Wiederaufbau des Unternehmens unmittelbar nach Kriegsende und seine Expansion in den Folgejahren wurden zu einem Eckpfeiler des Wirtschaftsaufschwungs im damaligen nordhessischen Zonenrandgebiet.

Seniorchef Otto Braun beeindruckte in jenen Jahren nicht nur als weitsichtiger Unternehmer, dem zugleich das Wohl der Belegschaft sehr am Herzen lag, sondern auch als gefragter Ratgeber in den industriellen Spitzenverbänden und in der Kommunalpolitik. In seiner Geburtsstadt Melsungen war er von 1952 bis 1969 mit einer kurzen Unterbrechung Stadtverordnetenvorsteher bzw. Stadtverordneter, wobei er auch dem Finanzausschuss angehörte. Die Stadt dankte ihm sein Engagement 1974 mit der Verleihung der Ehrenbürgerschaft.

Heute weltweit erfolgreich

Heute ist B. Braun Melsungen eine weltweit agierende Firma im Dienst des Helfens und Heilens, die zahlreiche Niederlassungen und Fabrikationsstätten im In- und Ausland unterhält. Sie liefert von der Spritze über Kanülen und Infusionslösungen bis hin zu chirurgischen Bestecken und Operationstischen einen Großteil dessen, was im Krankenhaus, aber auch in den Praxen der niedergelassenen Ärzte benötigt wird. Die Stadt Melsungen ist stolz auf „B. Braun Melsungen", denn nur wenige Städte werden solchermaßen in einem Atemzug mit einem bedeutenden Unternehmen genannt, mit ihm womöglich identifiziert.

Ludwig Georg Braun (rechts), bis April 2011 Chef des Medizintechnikherstellers B. Braun, und sein Nachfolger Heinz-Walter Große mit einem Beutel Nutriflex-Ernährungslösung vor einem alten Apothekenschrank in Melsungen.

Der Kurfürst lenkte zu spät ein

Friedrich Wilhelm I. ein ungeliebter Landesherr

Kurfürst Friedrich Wilhelm I. stand in der Gunst des Volkes nicht besonders hoch. Dass er nach seinem Amtsantritt die 1831 verkündete neue liberale Verfassung des Landes so lange bekämpfte, bis sie 1851 gekippt wurde, wollte man ihm nicht verzeihen. Unterstützung fand er bei seinem leitenden Minister Ludwig Hassenpflug, der in der Verfassung „in politischer Beziehung ein Werk der Revolution und in religiöser ein Werk des Teufels“ sah.

Auch die nach den damaligen Maßstäben unstandesgemäße Heirat des Kurfürsten war den Kasseler Bürgern in Dorn im Auge. Während seines Studiums in Bonn hatte sich Friedrich Wilhelm, damals noch Kurprinz, in die Bürgerliche Gertrude Falkenstein verliebt. Sie war allerdings schon mit einem Leutnant verheiratet. Kurzerhand überredete er ihn zur Scheidung, wobei auch Geld geflossen sein dürfte. Nach der Hochzeit 1831 wurde aus der jungen Frau zunächst eine Gräfin von Schaumburg und später die Fürstin von Hanau.

35 Jahre später, im Frühsommer des Jahres 1866, redete Georg Friedrich von und zu Schachten, mit dem Titel eines „Wirklichen Geheimen Rates“ und dem Prädikat „Exzellenz“ versehen, eindringlich auf Kurfürst Friedrich Wilhelm I. ein. Es ging darum, auf welche Seite sich Hessen im Konflikt zwischen Preußen und Österreich um die politische Vormachtstellung in Deutschland schlagen sollte. Friedrich Wilhelm hatte, im Gegensatz zur mehrheitlichen Meinung im Lande, eine Entscheidung für Österreich getroffen. Sein Geheimer Rat versuchte ihm das auszureden.

Als kurhessischer Gesandter in Paris, Wien und zuletzt in Berlin hatte der Adelsherr aus Schachten – Nachfahren der Familie leben noch heute auf dem Rittergut in dem Grebensteiner Ortsteil – realistische Einblicke in die Machtverhältnisse in Europa gewonnen. Er wusste um die innere Schwäche des habsburgischen Kaiserreiches und sah voraus, dass der Aufstieg Preußens zum dominierenden Staat in Deutschland nicht mehr aufzuhalten war.

Kurfürst Friedrich Wilhelm lag ein preußisches Ultimatum auf Wahrung strikter Neutralität Hessens vor. Den meisten seiner Untertanen wäre diese gerade recht gewesen, hegten sie doch, schon historisch bedingt, durchaus Sympathien für Preußen. Friedrich Wilhelm wollte jedoch Bundestreue beweisen: Wie die meisten Mitglieder des damals bestehenden Deutschen Bundes, einem losen Zusammenschluss von 37 deutschen Einzelstaaten, hielt er es mit Österreich. Und er hatte noch einen weiteren, sehr privaten Grund, es sich mit Österreich nicht zu verderben: Er war in Wien mit der Bitte um eine Garantie der böhmischen Güter seiner Frau, der Fürstin von Hanau, vorstellig geworden. Die bereits erteilte Zusage wollte er nicht gefährden.

Mit seiner Warnung vor einer Gegnerschaft zu Preußen musste Georg Friedrich von und zu Schachten bei seinem Landesherrn also ganz dicke Bretter bohren. Erschwerend kam hinzu, dass der Kurfürst von seinem Naturell her zu Arroganz und Selbstüberschätzung neigte und daher als beratungsresistent galt. Endlich hatte ihn sein Geheimer Rat so weit, ein Arrangement mit Berlin ins Auge zu fassen.

Im Juni kamen die Preußen

Aber dazu war es inzwischen zu spät: Am 19. Juni 1866 rückten preußische Truppen, ohne auf Widerstand zu stoßen, in Kassel ein und führten vier Tage später den Kurfürsten als Kriegsgefangenen in die Festung Stettin ab. Er starb 1875 im Exil in Prag. Nach der von den Preußen gewonnenen Entscheidungsschlacht von Königgrätz gegen Österreich (3. Juli 1866) wurde am 8. Oktober auf dem Kasseler Friedrichsplatz vom Balkon des Roten Palais aus feierlich die Einverleibung Kurhessens in die preußische Monarchie verkündet. Damit endeten 600 Jahre politische Selbstständigkeit. Kassel war nun Hauptstadt der preußischen Provinz Hessen-Nassau, zu der noch das frühere Herzogtum Nassau und die ehemals Freie Reichsstadt Frankfurt am Main gehörten.

Die Hessen weinten Friedrich Wilhelm kaum eine Träne nach, denn kein Landesfürst war so unbeliebt, ja verhasst gewesen wie er.

Die Einverleibung Kurhessens in die preußische Monarchie wurde am 8. Oktober 1866 bei einem Festakt auf dem Kasseler Friedrichsplatz verkündet.

Napoleon III. war die Attraktion im Park

Frankreichs Kaiser als Kriegsgefangener in Kassel

„In der herrlichen Hortensien-Laube, welche einst ein Lieblingsteeplatz der kurfürstlichen Besitzer war, fand ich eine leere Bank und beschloss, den Spaziergang Napoleons zu beobachten – er musste bald vorüber kommen. ...Da sah ich ihn nun vor mir, den kleinen großen Mann … er ging am Arm des Generals Castelnau. … Sein Gang war jedoch sicher, seine Füße schleiften keineswegs den Erdboden, wie so oft behauptet worden ist. ..." Freiherr von Hohenhausen gehörte zu denjenigen, denen es gelang, den auf Schloss Wilhelmshöhe festgesetzten Franzosenkaiser aus nächster Nähe zu beobachten. Napoleon III. war am 2. September 1870 nach der Schlacht von Sedan im deutsch-französischen Krieg in Gefangenschaft geraten und drei Tage später nach Kassel gebracht worden. Bei der Abfahrt seines Zuges auf dem Aachener Bahnhof riefen die Menschen Napoleon zu: „Ab nach Kassel!", was sich später zu einem bis heute gültigen Kasseler Werbeslogan entwickelte.

Wie es damals unter den gekrönten Staatsoberhäuptern üblich war, wurde Napoleon am Ort seiner Internierung wie ein Gast behandelt. Im Mittelbau des Wilhelmshöher Schlosses hatte man ihm außer einem Schlaf- und Ankleidezimmer auch ein Arbeits- und ein Wohnzimmer sowie einen großen Salon zur Verfügung gestellt. Umgeben von einer Suite ebenfalls kriegsgefangener französischer Offiziere, konnte er sich völlig frei bewegen und nutzte das zu ausgedehnten Spaziergängen im Park Wilhelmshöhe. Überall standen zwar preußische Posten, aber die hatten nur die Aufgabe, Napoleon vor allzu neugierigen Passanten zu schützen. Denn natürlich war der prominente Gefangene für die Kasseler Bürger die Attraktion des Jahres.

Preußen-König zum Kaiser ausgerufen

In der Hoffnung auf neuen imperialen Ruhm, aber auch herausgefordert durch die „Emser Depesche" des preußischen Ministerpräsidenten Otto von Bismarck, erklärte Frankreichs Kaiser Napoleon III. am 19. Juli 1870 Preußen und dem Norddeutschen Bund den Krieg. Seine Hoffnung, dass die süddeutschen Staaten neutral bleiben würden, erfüllte sich jedoch nicht. Nach einer Serie von Niederlagen der französischen Armee wurde Paris von deutschen Truppen eingeschlossen und musste Ende Januar 1871 kapitulieren. Bereits am 18. Januar war der preußische König Wilhelm I. im Spiegelsaal des Schlosses zu Versailles zum „deutschen Kaiser" ausgerufen worden. Frankreich musste nach dem Friedensschluss vom 10. Mai das Elsass und den größten Teil Lothringens an Deutschland abtreten.

An jenem Tag, an dem Freiherr von Hohenhausen seinen günstigen Beobachtungsplatz ergattert hatte, entwickelte sich im Park ein besonders starker Andrang: Es war bekannt geworden, dass General Graf Monts, der Gouverneur von Kassel, dem französischen Kaiser soeben die Nachricht von der Einnahme Straßburgs durch deutsche Truppen übermittelt hatte. Nun wollte das Volk sehen, wie Napoleon III. die Hiobsbotschaft denn wohl aufgenommen hatte.

„Gesicht durchaus nicht hässlich“

In den Genuss des kaiserlichen Mienenspiels zu kommen, war freilich nur wenigen, wie dem Freiherrn von Hohenhausen, vergönnt. Nach seinem Eindruck bewahrte der Kaiser nach dem Gespräch mit Graf Monts seine würdevolle Haltung und führte beim anschließenden Spaziergang mit seinem Adjutanten General Castelnau eine zwanglose Konversation. Später gab von Hohenhausen noch das zu Papier: Das Gesicht Napoleons sei „durchaus nicht hässlich, die Farbe spielte zwar etwas ins Gelbliche, doch sah er nicht kränklich aus.“ Und dann ließ er sich noch über die „herrliche Luft in Wilhelmshöhe“ aus, die dem prominenten Gefangenen sichtlich gut bekomme.

Mit militärischen Ehren war Napoleon III. am 5. September empfangen worden, als er mit einem Sonderzug im Bahnhof Wilhelmshöhe eintraf. Auch bei seiner Ankunft am Schloss präsentierte eine Abteilung des preußischen Füsilier-Regiments 80 das Gewehr. Dann zog sich der Kaiser, grauhaarig und von kleiner, untersetzter Statur, erschöpft zur Ruhe zurück. Es war offensichtlich, dass er gesundheitlich angeschlagen war. Doch in den folgenden Wochen besserte sich sein Zustand, er beobachtete das Exerzieren preußischer Truppen und besichtigte neue, vermutlich im Henschel-Werk produzierte Kanonen.

Neue, vermutlich im Kasseler Henschel-Werk produzierte Kanonen, interessierten auch Kaiser Napoleon III.

Eine Unternehmerin mit Herz

Sophie Henschel sorgte sich um ihre Arbeiter

Die Reichen dieser Welt gehören nicht unbedingt zu denen, die sich durch barmherzige Taten hervortun. In ihren Kreisen kennt man zwar das Sponsoring, doch das dient oft genug nur der eigenen Image-Pflege. Aber es gibt und gab auch die anderen: Industrielle mit einem ausgeprägten Gewissen, die sich verpflichtet fühlen, mit ihrem Geld dort zu helfen, wo Not herrscht. Und manche tun das so nachhaltig, dass man ihnen noch weit nach ihrem Tod eine dankbare Erinnerung aufbewahrt. Eine dieser Persönlichkeiten war die Kasseler Unternehmerin Sophie Henschel, die nach dem Tod ihres Mannes Oscar 1894 rund 18 Jahre lang bis 1912 das gleichnamige weltbekannte Lokomotiven-Werk leitete.

Der „Drache“ – die erste Henschel-Lok

Im Jahre 1810 gründete Carl Anton Henschel, einer aufstrebenden Handwerkerfamilie entstammend, in Kassel eine Maschinenfabrik. Sie produzierte zunächst Glocken, Öfen und Kanonen. Henschel reizte jedoch in erster Linie der Bau der neuartigen „Dampfwagen“. Und obwohl er trotz aller Bemühungen keinen Auftrag bekam, setzte der Unternehmer alles auf eine Karte und investierte 15 686 kurhessische Taler in die Entwicklung einer Lokomotive, was in der damaligen Zeit ein großes Wagnis war. Der „Drache“ wurde gerade rechtzeitig fertig, denn er konnte 1848 ausgeliefert werden, in dem Jahr, in dem die Eisenbahnlinie Karlshafen – Kassel – Gerstungen eröffnet wurde.

Als sie am 5. Februar 1915 starb, schrieb Kaiserin Auguste Viktoria in einem Telegramm aus Berlin: „Mit ihr scheidet eine Wohltäterin ... das Andenken der nun Vollendeten bleibt ein Segen.“ Mit welcher Einstellung Sophie Henschel ihre Firma leitete, geht aus einem Satz ihres Testaments hervor: „Ich habe Vertrauen zu meinem lieben Sohn (Karl), dass er die Fabrik nicht bloß als Mittel zum Broterwerb ansehen wird, sondern dass er den Arbeitern ein gerechter und wohlwollender Chef sein wird und den berechtigten Wünschen derselben zuvorkommt.“

Wohlfahrtseinrichtungen ausgebaut

Sie selbst hatte die damals ohnehin als fortschrittlich geltenden Wohlfahrtseinrichtungen des Henschel-Werks noch ausgebaut. Sie errichtete Fortbildungsstätten, Kleinkinderschulen und Arbeiterwohnungen. Mit ihrem Geld – Sophie Henschel war eine der reichsten Frauen des deutschen Kaiserreichs – entstanden im Jahre 1900 unter anderem die Lungenheilstätte Oberkaufungen und 1908 das heutige Rot-Kreuz-Krankenhaus. Der „Sophie-Henschel-Platz“ vor dem Krankenhaus und der Henschel-Brunnen vor dem Rathaus halten bis auf den heutigen Tag die Erinnerung an diese höchst erfolgreiche Unternehmerin und große Wohltäterin ihrer Stadt wach.

Die Mitteilung, dass nach dem Tod Oscar Henschels seine Witwe und nicht der Sohn Karl die Firma übernehmen werde, war bei den Zeitgenossen zunächst auf große Skepsis gestoßen: Eine Frau auf dem Chefsessel – das war damals in der absolut dominanten Männerwelt eigentlich undenkbar. Sophie Henschel ließ jedoch die Zweifler schnell verstummen, denn unter ihrer stummen, denn unter ihrer Leitung florierte das Unternehmen und konnte an seinem 100. Geburtstag die Fertigstellung der 10 000. Lokomotive feiern. Sophie profitierte davon, dass ihr Mann sie zu Lebzeiten an allen Geschäftsentscheidungen hatte teilhaben lassen.

Entwicklung zum Weltkonzern

Ihr Sohn Karl trat 1896 nach Beendigung seiner Studien in die Verwaltung des Unternehmens ein und wurde 1900 Teilhaber der Firma, bis er zwei Jahre später das Ruder übernahm. Er gilt als der eigentliche Schöpfer des Traditionsunternehmens Henschel & Sohn, das zwar schon seit 1810 bestand, aber erst unter ihm zu einem weltweit bekannten Konzern ausgebaut wurde. Allein in den Kasseler Werken stieg die Zahl der Beschäftigten von 2200 im Jahr 1900 auf 11 000 im Jahre 1922. Am 3. Oktober 1923 – der Firmenchef feierte seinen 50. Geburtstag – verließ die 20 000. Henschel-Lok, mit Blumen und Girlanden geschmückt, das Fabrikgelände und rollte über den Holländischen Platz zum Unterneustädter Bahnhof.

Das Porträt Sophie Henschels nach einem Ölgemälde vermutlich von 1876.

Traumberuf „Fräulein vom Amt“

Aus den Anfangstagen des Telefons in Kassel

Anneliese Schröder war die Tochter eines höheren Kasseler Beamten, kam also „aus gutem Hause", wie man so sagte. Zwei ihrer Brüder befanden sich im Studium, der dritte würde das ebenso tun. Der Vater konnte die Kosten dafür so gerade aufbringen, ohne spürbare Abstriche am gesellschaftlichen Leben in den „besseren Kreisen" hinnehmen zu müssen. Dass Anneliese nicht studieren würde, stand von vornherein fest. Von ihr erwartete man, dass sie eine „gute Partie" machen und bald das Haus verlassen würde. Sie hatte an einer Höheren Töchterschule das Abitur abgelegt, Klavierunterricht genommen und war auch sonst in den musischen Dingen gut bewandert. Das war das Rüstzeug für ihr ferneres Leben.

Es war zu wenig für junge Mädchen, wie es Anneliese Schröder war. Sie hatte ihren eigenen Kopf, wollte unabhängig sein und ihr Leben selbst gestalten. Aber dafür musste sie eigenes Geld verdienen, was freilich im ausgehenden 19. Jahrhundert für junge Damen mangels attraktiver Angebote ein schwieriges Unterfangen war. Bis eines Tages Anneliese Schröder in der Zeitung eine Stellenanzeige las und von ihr sofort elektrisiert war: Das „Telegraphenamt Cassel" in der damaligen Hauptpost am Königsplatz suchte Frauen, die als Telefonistinnen arbeiten wollten.

Arbeit wurde streng kontrolliert

Die Arbeit der Telefonistinnen war keineswegs ein Zuckerschlecken, denn sie unterlag einer zunehmend strengen Überwachung. Es war genau vorgeschrieben, mit welchen Handgriffen die Verbindungen hergestellt werden mussten. Als an den Vermittlungsschränken Glühlämpchen die Klappen ersetzten, konnte der vorgesetzte Beamte am Aufleuchten und Erlöschen der Lampen an seinem Aufsichtstisch genau erkennen, ob die Anruf- und Schlusszeiten an den einzelnen Plätzen schnell und korrekt bedient wurden. Er war auch in der Lage, die Vermittlungsgespräche mitzuhören.

Die Damen müssten jung, ledig und unbescholten sein, stand in der Anzeige. Als vorteilhaft wurden eine gute Schulbildung und möglichst Fremdsprachenkenntnisse bezeichnet. Außerdem erwartete man von den Bewerberinnen beste Umgangsformen – alles Voraussetzungen, die für unsere Beamten-Tochter kein Problem darstellten. Schnell noch die Angelegenheit mit den Freundinnen beredet, und dann die Bewerbung abgeschickt – Anneliese Schröder wurde angenommen und gehörte zu den ersten Telefonistinnen in der aufstrebenden preußischen Provinzhauptstadt an der Fulda.

In Kassel gab es das „Fräulein vom Amt", so die gebräuchliche Berufsbezeichnung, seit 1894. Wenn die seinerzeit 517 Telefonteilnehmer von sich aus ein Gespräch führen oder einen eingehenden Anruf annehmen wollten, mussten das die Telefonistinnen per Handvermittlung ermöglichen. Jeder Teilnehmer besaß eine eigene Anschlussbuchse am sogenannten Klappenschrank bei der Post. Nahm nun ein Anrufer den Hörer ab, fiel am „Klappenschrank" die Klappe mit seiner Rufnummer. Das „Fräulein vom Amt" fragte dann den Teilnehmer, mit wem er verbunden sein wollte, stöpselte das Gespräch weiter und informierte den Angerufenen, dass er am Telefon verlangt wurde. Legte der nach dem Gespräch wieder auf, registrierte die Dame am Klappenschrank das Schlusszeichen und zog die Verbindungsstöpsel wieder heraus.

Vorteil durch höhere Stimmlage

Anfangs hatte man männliche Mitarbeiter in die Vermittlungsstellen gesetzt. Doch dann erwiesen sich Frauen als deutlich geeigneter: Sie zeigten mehr Geduld im Umgang mit den Anrufern und wirkten besänftigend, wenn die Verbindung nicht sofort zustande kam. Zudem stellte man fest, dass sie durch die höhere Stimmlage leichter verständlich waren als Männer. Überall in Deutschland ergriffen junge Frauen die Gelegenheit beim Schopf, einen modernen Beruf auszuüben, der ihnen finanzielle Unabhängigkeit einbrachte. Traditionelle Berufe wie Köchin, Hausmädchen oder Krankenschwester waren weniger einträglich.

Die Telefonnummern der 517 Ortsteilnehmer des Jahres 1894 in Kassel hatten die „Fräuleins vom Amt" fast alle im Kopf. Drei Jahre später entstanden die ersten Fernleitungen, von denen die nach Berlin die wichtigste war. Treibende Kraft war hier vor allem die kaiserliche Familie: Während ihrer regelmäßigen Sommer-Aufenthalte im Schloss Wilhelmshöhe wollte sie jederzeit über einen schnellen Kontakt mit der Reichshauptstadt verfügen.

So sah der Arbeitsplatz eines „Fräuleins vom Amt" im Jahre 1934 aus.

20. Jahrhundert

Heroldstrompeter, Soldaten und Nonnen

Historischer Festzug zur Tausendjahrfeier Kassels

„Wie mäh Kasseläner anno dohzemoh ussgesehn honn" – so schlicht und zugleich zutreffend erklärte so mancher biederer Kasseler Bürger in heimischer Mundart auswärtigen Gästen den Sinn des großen kulturhistorischen Festzuges, der sich am 28. September 1913 durch die Straßen der Stadt bewegte. Anlass war die Tausendjahrfeier Kassels. An der Spitze ritten mit dem Stadtwappen geschmückte Heroldstrompeter, gefolgt von der ersten Festzugsgruppe: „König Konrad I. als Herr des Gutshofes Cassel im Jahre 913". Insgesamt waren es zwanzig von Geschichtskennern und Künstlern gestaltete Gruppen, die die wichtigsten Entwicklungsphasen der Stadt in den zehn Jahrhunderten darstellten.

Im Festzug marschierten über 3000 Personen mit, kostümiert zum Beispiel wie in der Wilhelminischen Zeit mit ihrem Hang zu Prunk und Pomp und patriotischer Überhöhung. Auch hessische Infanteristen mit Musketen aus der Zeit Landgraf Friedrichs II. waren mit von der Partie, Soldaten in Uniformen während des Dörnberg-Aufstands gegen König Jérôme und militärische Formationen, die an den Einzug der siegreichen Truppen nach dem deutsch-französischen Krieg von 1870/71 erinnerten. Weniger martialisch, aber dafür würdevoller zeigten sich frühere bedeutende Fürsten wie Philipp der Großmütige, Landgraf Moritz der Gelehrte und natürlich Landgraf Karl mit einer Gruppe von Hugenotten, die er Ende des 17. Jahrhunderts nach Hessen geholt hatte.

Nonnen und Mönche im Festzug

Aber auch das Religiöse kam nicht zu kurz: Kasseler Bürgersfrauen hatten sich als Nonnen des ehemaligen Klosters Ahnaberg verkleidet und zierten den Festzug ebenso wie eine Gruppe von Mönchen des Karmeliter-Ordens, die die uralte Brüderkirche erbaut hatten. Und natürlich fehlten auch nicht die weltberühmten Brüder Wilhelm und Jacob Grimm. Für die musikalische Begleitung sorgte unter anderem die bekannte Schwälmer Trachtenkapelle Georg Henkels, von den Kasselanern liebevoll „unser Schorsche" genannt.

100 000 Besucher von auswärts

Während des Festzuges säumten dichte Menschenmassen die Straßen. Rund 150 000 Menschen bevölkerten nach Schätzungen an diesem Sonntag die Stadt. Wenigstens 100 000 Besucher kamen während der fünftägigen Festlichkeiten vom 26. bis 30. September von auswärts an die Fulda. Die Bahn musste Sonderzüge einsetzen, viele kamen erst mit Verspätung in Kassel an, weil unterwegs immer wieder zusätzliche Waggons angehängt werden mussten. Es waren vor allem ehemalige Kasseläner, die es in die Fremde verschlagen hatte. Sie wollten unbedingt am Ehrentag ihrer Heimatstadt teilnehmen.

Und die hatte sich mächtig in Schale geworfen: Von den Häusern hingen riesige Fahnen herab, Girlanden und Kränze schmückten die Fassaden. Die Vorbereitungen für die Tausendjahrfeier hatten ein Dreivierteljahr gedauert. Als alles vorüber war, brachte das „Casseler Tageblatt" eine euphorische Nachbetrachtung: „All die Zehntausende von Fremden, die das Fest der im

Glanze herrlichster Herbsttage prangenden Stadt mitfeiern halfen, werden den Ruf Kassels in alle Winde hinaustragen."

Der Kasseler Schriftsteller und Historiker Paul Heidelbach schrieb, das Fest habe ein starkes Gefühl der Zusammengehörigkeit gebracht, das als gutes Omen hoffentlich auch für die folgende Zeit nachwirke. Er konnte nicht ahnen, dass bereits ein Jahr später die Katastrophe des Ersten Weltkrieges über Europa hereinbrechen würde.

Die Spitze des historischen Festzuges zur Tausendjahrfeier Kassels.

Der Doktor durfte passieren

Revolutionäre Unruhen in Kassel

Aus der Ferne waren vereinzelt Schüsse und das Klirren zerberstender Schaufensterscheiben zu hören. Gruppen bewaffneter Männer zogen durch die Straßen – in den ersten Novembertagen des Jahres 1918 waren auch in Kassel, wie überall in Deutschland, revolutionäre Unruhen ausgebrochen. Diese hielten jedoch Sanitätsrat Dr. Jacob Bettenhäuser nicht davon ab, sein Haus in der Karthäuser Straße zu verlassen, um die gewohnten Krankenbesuche zu machen. In der Stadt genoss er wegen seiner Behandlungserfolge hohes Ansehen. Noch mehr aber schätzte man an ihm, dass er Kranke auch psychisch wieder aufbauen konnte und sich dafür entsprechend viel Zeit nahm.

An einem jener unruhigen Novembertage war Dr. Bettenhäuser wieder einmal zu einem Hausbesuch unterwegs. Auf dem Friedrichsplatz wurde jedoch sein von einem Chauffeur gesteuertes Auto plötzlich von einer aufgebrachten Menschenmenge gestoppt. Sie nahm eine drohende Haltung ein, Rufe wie „Holt den Klassenfeind aus dem Wagen" wurden laut. Der Sanitätsrat stieg jedoch ganz von selbst aus und blickte den Nächststehenden ruhig ins Gesicht. In diesem Moment rief jemand: „Och Gott, s' is jo der Doktor Bettenhäuser, dem hon mä vähles zu verdanken!" Schlagartig beruhigte sich die Menge, und der Arzt konnte seine Fahrt unbehelligt fortsetzen.

Plünderungen in Millionenhöhe

Andere Bürger aus dem kaisertreuen Lager waren aber gut beraten, in dieser Zeit bestimmte Stadtteile vorerst zu meiden. Am 9. November hatte ein Arbeiter- und Soldatenrat die Macht übernommen und auf einer Kundgebung vor 20 000 Teilnehmern eine republikanische Staatsform für Deutschland gefordert. Auf den öffentlichen Plätzen wehten rote Fahnen. Dieses Durcheinander des politischen Umbruchs machten sich kriminelle Elemente zunutze: Falsche Arbeiter- und Soldatenräte zogen mit gefälschten Bescheinigungen Geld von den Bürgern ein, es kam zu Plünderungen mit Millionenschäden, Passanten wurden auf offener Straße überfallen und beraubt. Ein schwerer Zwischenfall ereignete sich vor dem Hauptbahnhof: Drei von der Front heimkehrende Offiziere versuchten, eine rote Fahne vom Mast herunterzureißen. Daraufhin eröffnete die Bahnhofswache das Feuer und erschoss den Leutnant Krüger.

Demobilisierung von Wilhelmshöhe aus

Deutschland hatte den Ersten Weltkrieg verloren, er endete offiziell am 11. November mit dem Waffenstillstand von Compiegne. Kaiser Wilhelm II., der sich bis Ende September 1918 noch auf seinem Sommersitz Schloss Wilhelmshöhe aufgehalten hatte, dankte ab und ging ins Exil nach Holland. In den folgenden Wochen fluteten die deutschen Truppen zurück in die Heimat und mussten demobilisiert werden. Die Soldaten mussten ihre Waffen abgeben und ihre Entlassungspapiere erhalten. Geleitet wurde die Demobilisierung von Generalfeldmarschall Paul von Hindenburg, der sich zu diesem Zweck mit einem Stab von Offizieren im Wilhelmshöher Grandhotel einquartierte.

Keine Zwischenfälle bei Hindenburgs Besuch

Hindenburg zählte damals zu den volkstümlichsten Heerführern Deutschlands. Das wurde auch in einem Aufruf des Kasseler Arbeiter- und Soldatenrates deutlich, den er zur Ankunft des Feldmarschalls am 14. November veröffentlichte: „Hindenburg gehört dem deutschen Volke und dem deutschen Heere … nie hat Hindenburg in der Größe seiner Pflichterfüllung uns näher gestanden als heute. Seine Person steht unter unserem Schutze." So kam es auch zu keinen Zwischenfällen, als der Feldmarschall mehrmals heimkehrende Kasseler Truppenteile persönlich begrüßte.

Generalfeldmarschall Paul von Hindenburg und heimkehrende Kasseler Truppenteile.

Blausäure-Attentat auf Scheidemann

Kassels OB wehrte sich mit Revolver

Den weißbärtigen Herrn, der am Pfingstsonntag des Jahres 1922, es war der 4. Juni, einen Spaziergang durch den Park Wilhelmshöhe unternahm, drückten schwere Sorgen: In Kassel herrschten Arbeitslosigkeit und Wohnungsnot, viele Menschen hungerten, und die galoppierende Inflation machte alles noch schlimmer. Von ihm als Oberbürgermeister erwartete man Antworten auf diese Probleme, doch sein Handlungsspielraum war nur sehr begrenzt. Philipp Scheidemann hatte aber auch Angst, denn gegen ihn und seine Familie waren mehrfach Morddrohungen ausgesprochen worden. Seitdem man sein Haus mit rechtsradikalen Parolen und Hakenkreuzen beschmiert hatte, trug er stets einen Revolver bei sich.

Für seinen Pfingstspaziergang hatte sich Scheidemann einen stillen Weg in einem abgelegenen Bereich des Bergparks ausgesucht. Begleitet wurde der 56-Jährige nur von seiner Tochter und einem Enkelkind, die aber einige Schritte Abstand hielten, um ihn beim Nachdenken nicht zu stören. Weit und breit waren keine anderen Passanten zu sehen. Da löste sich plötzlich aus dem Schatten eines großen Baumes eine Gestalt, die eine Art Gartenspritze in den Händen hielt. Ein Mann sprang auf Scheidemann zu und schoss ihm einen Blausäure-Strahl ins Gesicht. Der Oberbürgermeister brach unter Schmerzen zusammen, konnte aber noch seinen Revolver ziehen und zwei Schüsse abgeben. Die Kugeln trafen zwar nicht, vertrieben aber den Attentäter, der zusammen mit einem Kumpan das Weite suchte.

Er war auch der „Henner Piffendeckel“

Philipp Scheidemann, am 26. Juli 1865 in Kassel geboren, erlernte den Beruf des Schriftsetzers und wurde später Chefredakteur des SPD-nahen „Casseler Volksblatts“. Neben politischen Artikeln schrieb er dort unter dem Pseudonym „Henner Piffendeckel“ auch die „Mundartlichen Geschichderchen“, die bei den Lesern sehr beliebt waren. Die Politik führte ihn in den Berliner Reichstag, wo er zu den führenden Männern der Sozialdemokratie aufstieg.

Nachdem er am 9. November 1918 in Berlin die Republik ausgerufen hatte, ernannte ihn Reichspräsident Friedrich Ebert am 13. Februar 1919 zum Ministerpräsidenten und Chef eines Koalitions-kabinetts. Im Juni 1919 trat Scheidemann jedoch aus Protest gegen die harten Bedingungen des Versailler Friedensvertrages zurück und übernahm von 1920 bis 1925 in seiner Heimatstadt Kassel das Amt des Oberbürgermeisters. Nach der NS-Machtübernahme emigrierte Scheidemann ins Ausland und starb am 29. November 1939 in Kopenhagen. Seine Asche überführte man 1953 aus Dänemark nach Kassel, wo Scheidemann auf dem Hauptfriedhof ein Ehrengrab erhielt.

Die Schüsse waren weithin im Park zu hören gewesen. Viele Menschen eilten herbei, um zu helfen. Die Trillerpfeife eines Gendarmen ertönte, weitere Polizisten erschienen am Tatort, und auch ein Arzt war schnell zur Stelle. Dessen Diagnose fiel zur allgemeinen Erleichterung günstig aus: Das gespritzte Gift war, wohl wegen des starken Windes an diesem Tag, nicht in Mund und Nase Scheidemanns geraten. So kam es nur zu Verätzungen an seiner Gesichtshaut. Schon nach wenigen Tagen war der Oberbürgermeister wieder auf den Beinen. Die beiden Attentäter wurden einige Monate später gefasst und zu je zehn Jahren Zuchthaus verurteilt.

Der SPD-Politiker Philipp Scheidemann hatte viele Feinde, und zwar sowohl im ganz rechten als auch im ganz linken politischen Lager, dazu noch Gegner in der eigenen Partei. Am 9. November 1918 hatte er – damals als Staatssekretär ohne Geschäftsbereich in der Reichsregierung – vom Westbalkon des Reichstagsgebäudes aus den Zusammenbruch des Deutschen Kaiserreichs verkündet und die Republik ausgerufen. Er kam damit den Kommunisten zuvor, die am selben Tag eine Räterepublik nach sowjetischem Vorbild ausrufen wollten. Das taten sie dann zwar auch, aber erst zwei Stunden nach der Rede Scheidemanns, sodass ihre Proklamation weitgehend wirkungslos blieb.

„Scheidemänner" als Schimpfwort

Seitdem war Scheidemann bei den Kommunisten einer der meist gehassten Männer. Radikale konservative Kreise wiederum sahen in ihm die Verkörperung des von ihnen verachteten „Weimarer Systems". Für die Anhänger der Weimarer Republik brachten sie den Begriff „Scheidemänner" als Schimpfwort in Umlauf.

Vom Westbalkon des Berliner Reichstagsgebäudes aus rief Philipp Scheidemann am 9. November 1918 die Republik aus. Unmittelbar danach hielt er, an einem Fenster stehend, eine weitere Rede (Foto).

Mit Doppeldecker unter Brücke hindurch

Waghalsiges Flugmanöver Kurt Katzensteins

Der berühmte „Storch“

1936 verließ eine Maschine mit sensationellen Flugeigenschaften die Kasseler Gerhard-Fieseler-Werke: der bis heute legendäre „Fieseler Storch“, so genannt wegen seines hochbeinigen Fahrgestells. Er besaß eine bis dahin unerreicht niedrige Mindestfluggeschwindigkeit und konnte bei starkem Gegenwind sogar in der Luft „stehen“. Der „Storch“ kam mit extrem kurzen Start- und Landebahnen aus: Zum Start genügten ihm bei Gegenwind 50 Meter, zur Landung 20 Meter.

Das machte ihn auch für die Militärs interessant. Als der Zweite Weltkrieg ausbrach, war der Fieseler Storch das Standard-Kurier- und Verbindungsflugzeug der deutschen Luftwaffe. Am 12. September 1943 brachte ein deutscher Stoßtrupp mit einem „Storch“ den gestürzten italienischen Diktator Benito Mussolini vom Gran Sasso-Massiv in Sicherheit, wo er inhaftiert war. Heute steht ein restauriertes und flugfähiges Exemplar des Fieseler Storchs auf dem Flughafen Kassel-Calden.

An einem grauen Novembertag des Jahres 1924 hatten sich einige hundert Menschen an den Ufern der Fulda in der Nähe der Kasseler Fuldabrücke versammelt. Es hatte sich herumgesprochen, dass hier der legendäre Pilot Kurt Katzenstein ein spektakuläres Kunstflugmanöver plante. Plötzlich kam Motorengeräusch auf, die Menschen reckten die Hälse. In der Ferne nahte ein Doppeldecker, sackte steil ab und setzte seinen Flug dicht über der Wasseroberfläche fort. Die Tragflächen wippten leicht auf und nieder, als der Pilot die Maschine justierte. Dann hatte er sie auf geradem Kurs, steuerte sie direkt auf die Brücke zu.

Die Zuschauer hielten den Atem an, als das Flugzeug auf die mächtigen Brückenpfeiler zuraste, an ihnen zu zerschellen drohte. Hatte der Pilot den richtigen Zeitpunkt verpasst, es rechtzeitig hochzuziehen? Stattdessen drückte er die Maschine noch ein kleines Stück tiefer, drosselte kurz das Tempo, und dann war es geschafft: Scheinbar mühelos wie ein Vogel rauschte der Doppeldecker unter dem Bogen der Brücke hindurch, schraubte sich auf der anderen Seite in den Himmel hinein, während unten am Boden Beifall aufbrandete. Das waghalsige Flugmanöver Kurt Katzensteins war nicht nur in Kassel lange Gesprächsstoff, sondern sorgte auch in ganz Deutschland und im Ausland für Schlagzeilen.

Berühmter Flugschüler: Hermann Göring

Während des Ersten Weltkrieges hatte Katzenstein, der 1895 in Kassel geboren wurde, der berühmten Jagdstaffel Manfred von Richthofens angehört. Einer seiner Flugschüler war damals Hermann Göring, der spätere Oberbefehlshaber der Luftwaffe Adolf Hitlers. Während seiner Kassel-Jahre gründete Katzenstein gemeinsam mit dem Flugingenieur Antonius Raab die nach ihnen benannten Flugzeugwerke, die bis 1930 Sport- und Schulflugzeuge produzierten.

Nach der Machtergreifung der Nationalsozialisten 1933 wanderte Katzenstein nach Palästina aus, war während des Zweiten Weltkrieges Testpilot in Südafrika und wurde später Chefpilot einer israelischen Fluggesellschaft. 1956 kam er noch einmal nach Kassel und demonstrierte mit einem Modellflugzeug seinen spektakulären Flug unter der Fulda-Brücke hindurch. 1984 starb Katzenstein in Afrika.

Kunstflugweltmeister Gerhard Fieseler

Neben ihm gab es eine ganze Reihe weiterer hervorragender Flieger, die zwischen den beiden Weltkriegen in Kassel lebten und arbeiteten, allen voran Kunstflugweltmeister Gerhard Fieseler. Diesen Titel erkämpfte er sich im Sommer 1934 mit einer „Tiger-Schwalbe" gegen stärkste internationale Konkurrenz in Zürich. Sein Training mit Loopings, Rollen, Turns und Trudeln absolvierte er am nordhessischen Himmel. Bereits 1929 hatte auch Gerhard Fieseler in einem zunächst kleinen Werk in Kassel mit dem Bau von Sport- und Kunstflugmaschinen begonnen.

Der berühmte „Fieseler Storch" wurde bei der Wehrmacht auch als Sanitätsflugzeug eingesetzt.

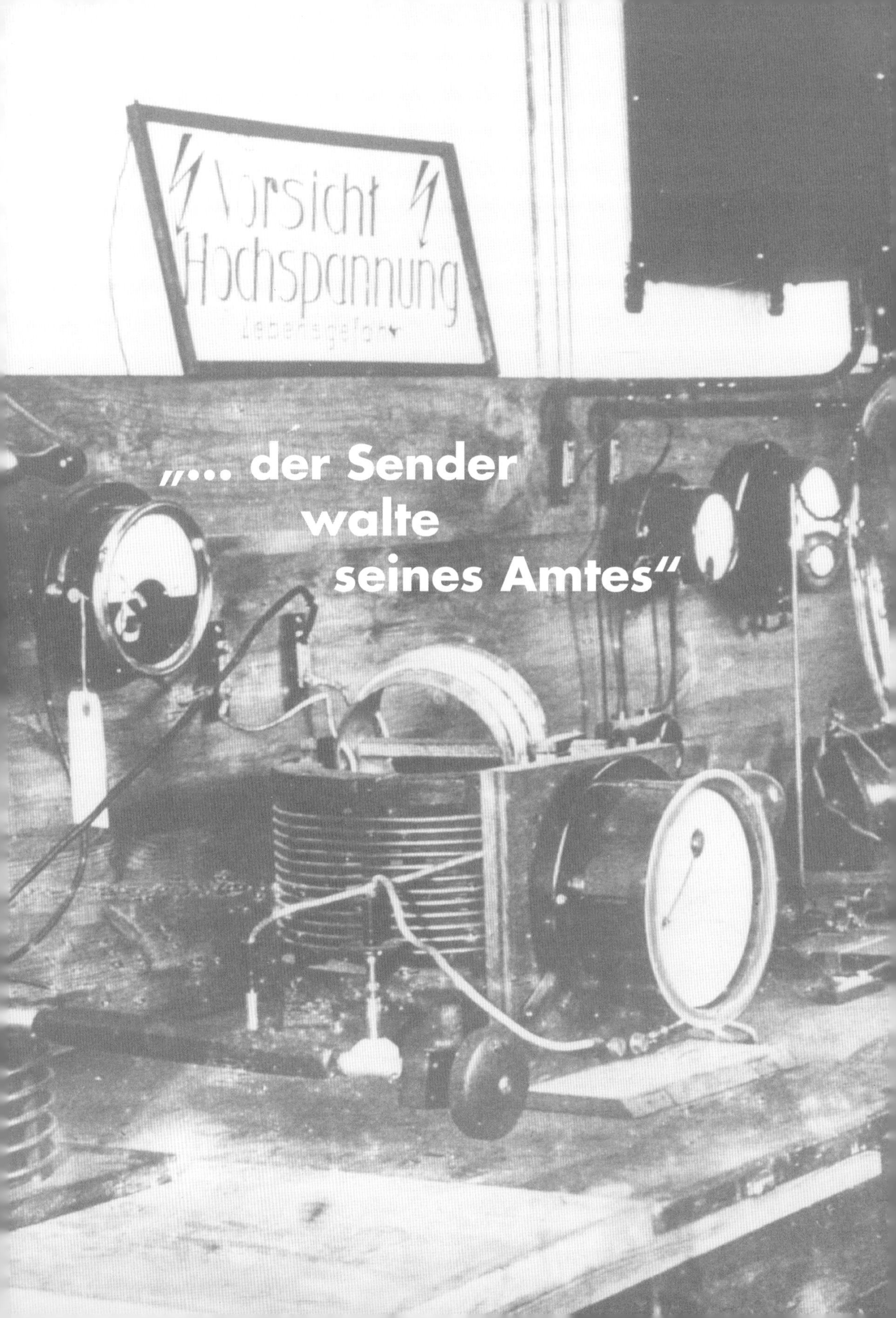

„... der Sender walte seines Amtes"

Kassels erste Rundfunkstation 1925 eingeweiht

„... Es geht mehr als um die Ermöglichung bequemer Unterhaltung, es geht um Größeres, um Volksbildung, um die Förderung des Gemeinschaftsgedankens. Der Kasseler Sender walte seines Amtes!“ Mit diesem pathetischen Satz übergab Staatssekretär Dr. Hans Bredow am 25. Januar 1925 den ersten Rundfunksender in Kassel seiner Bestimmung. Zum Festakt im Murhardsaal waren die Honoratioren der Stadt mit Oberbürgermeister Philipp Scheidemann an der Spitze und hohe Vertreter der Post erschienen. Scheidemann lobte die Kasseler Rundfunkstation als „ein Steinchen an dem riesigen Bauwerk, das wir den Wiederaufbau Deutschlands nennen.“

Der Kasseler Sender war der zweite in Hessen, nachdem der erste im März 1924 in Frankfurt am Main in Betrieb gegangen war. Bereits im Dezember 1924 hatten erste Sendeversuche aus Kassel begonnen. Sie waren von vielen technischen Pannen begleitet. Die Hörergemeinde zählte anfangs nur rund 260 Teilnehmer, stieg dann aber nach der offiziellen Betriebsaufnahme der Sendestelle auf mehrere tausend. „Detektoren“ hießen die damaligen Rundfunkempfänger, die in einem Umkreis von 30 bis 40 Kilometern einen zufriedenstellenden Empfang ermöglichten. Das Programm – gesendet wurde auf Welle 286 ab dem Vormittag bis zum Abend – enthielt klassische Musik, Vorträge und Lesungen. Leichte Unterhaltung ging noch nicht über den Äther. 190 Taktschläge bildeten das Pausenzeichen, wobei aus akustischen Gründen ein Pendel an die Innenwand eines Holzkastens schlug.

In der Oberpostdirektion

Den „Kasseler Neuesten Nachrichten“ war das Ereignis der „Kasseler Sender-Weihe“ – so die Überschrift – eine umfangreiche Berichterstattung wert. Der Rundfunk zählte damals zu den sensationellen Neuerungen der modernen Zeit. Bereits am Vorabend des 25. Januars 1925 hatte man die Vertreter der Presse zu einer Besichtigung der „Besprechungsstelle Kassel“ eingeladen, wie der Sender anfangs genannt wurde. Er war in der Oberpostdirektion in der Hohenzollernstraße, der heutigen Friedrich-Ebert-Straße, untergebracht. Sichtlich beeindruckt von der noch ungewohnten Aura brachte der Reporter der „Kasseler Neuesten Nachrichten“ diese Zeilen zu Papier: „...Durch die Wolkenschieber, die Stoffverschleierung der Decke des Besprechungsraumes, dringt gedämpftes Licht. Schwerer Stoff hängt von den Wänden herab. Die Fenster sind dicht verhangen, einsam steht das Mikrofon...“

Konkurrenz für die Zeitung

Das Aufkommen des Rundfunks wurde nicht überall mit Begeisterung aufgenommen. Im Hinblick auf ihr Informationsmonopol waren vor allem viele Zeitungsverleger misstrauisch. Das Vorstandsmitglied der Südwestdeutschen Rundfunkbetrieb AG, Dr. Schüller, war denn auch in seiner Ansprache bei den Kasseler Einweihungsfeierlichkeiten bemüht, Ängste auszuräumen: Der Rundfunk wolle keineswegs eine Art Zeitung sein, und er werde auch nicht zu einer ernsten Konkurrenz für das Theater und für öffentliche Konzerte werden.

Deutschlandweit waren schon 1923 die ersten privaten Rundfunkgesellschaften auf Sendung gegangen. Das Reichsinnenministerium hatte allerdings ein Mitspracherecht bei der Programmgestaltung. Die jährliche Rundfunkgebühr, die in jenem Jahr der Inflation den Hörern abverlangt wurde, betrug übrigens 350 Milliarden Papiermark. Zum Vergleich: Ein Brot kostete damals zwei Milliarden Mark. Ab 1924 pendelte sich die Rundfunkgebühr auf zwei Reichsmark pro Monat ein, wobei je die Hälfte an den Anbieter und an die Reichspost ging.

„Freibeutertum der Schwarzhörer"

Schon damals gab es Hörer, die sich vor den Rundfunkgebühren zu drücken versuchten. So geißelte 1925 in Kassel ein Postrat Dietze das „schimpfliche Freibeutertum" der Schwarzhörer, und die örtliche Presse wusste zu berichten, dass es in dieser Angelegenheit bereits zu Hausdurchsuchungen und Strafanzeigen gekommen war.

Senderaum eines Rundfunksenders im Jahre 1923.

Zuschauerrekord bei Zeppelin-Landung

Wachsende Begeisterung für Luftverkehr

Als in Deutschland die ersten Freiballone, Zeppeline und „Flugapparate" aufstiegen, war Kassel von Beginn an mit dabei. Am Himmel über der Stadt war „allszuus was lose", wie die Kasseläner schon wenige Jahre nach dem Eintritt ins 20. Jahrhundert feststellen konnten. Die Starts und Landungen verfolgten sie mit wachsender Begeisterung, so auch 1909, als auf dem Forst, dem damaligen militärischen Übungsgelände zwischen der Leipziger Straße und dem Wahlebach, ein Freiballon startklar gemacht wurde. Mehrere hundert Menschen hatten sich als Zaungäste eingefunden. Sie hielten das Ereignis für so bedeutend, dass sie sich in ihren besten Sonntagsstaat geworfen hatten.

Noch um ein Vielfaches größer war der Besucherandrang am 16. Februar 1913 bei der Taufe eines Freiballons auf den Namen „Cassel" durch Oberbürgermeister Scholz. Und dann wurde es aufregend, denn an den Taufakt schloss sich eine Verfolgungsjagd mit Automobilen an. Zugrunde lag ein fiktives militärisches Szenario: Kassel ist eine belagerte Festung, aus der sich mit dem Freiballon eine Gruppe hoher Offiziere mit wichtigen Dokumenten abzusetzen versucht. Der Ballon entschwebte in nordöstlicher Richtung, während unten auf den Landstraßen knatternde Automobile die Verfolgung aufnahmen. Wie die Sache ausging, ist nicht überliefert.

100 000 beim Empfang des „Graf Zeppelin"

Inzwischen hatte auch das Zeitalter der Zeppeline begonnen. Tausende strömten am 29. September 1912 zum Forst, um die Landung des Luftschiffs „Viktoria Luise" zu beobachten. Es herrschte Volksfeststimmung. Von der Stadt her erklang Glockengeläut, Fahnen waren gehisst, und die Menge brach in Hurra-Rufe aus. Das Luftschiff, benannt nach der Kaisertochter Prinzessin Viktoria Luise, maß 150 Meter Länge und hatte drei Motoren mit jeweils 170 PS.

Am 3. September 1930 wurden dann alle Zuschauerrekorde beim Besuch des Luftschiffs „Graf Zeppelin" gebrochen: 100 000 Menschen aus ganz Nordhessen starrten gebannt in den Himmel, als sich der silbrig-graue Riese, von der Söhre kommend, aus den Wolken herausschob. Zum Empfang flog Gerhard Fieseler mit seiner „Tiger-Schwalbe" dem Zeppelin entgegen und umkurvte ihn mehrmals mit Kunstflugmanövern. Kapitän des Luftschiffs war Ernst A. Lehmann. Später wurde er Kommandant des Luftschiffs „Hindenburg", das am 6. Mai 1937 in Lakehurst (USA) bei der Landung in Flammen aufging.

Mehrere hundert Meter weit

Der Beginn der Motorfliegerei in Kassel reicht bis ins Jahr 1910 zurück, als Hans Grade den ersten Kasseler Flugtag organisierte. Im Jahr zuvor hatte er einen Zwei-Kilometer-Flug geschafft und war dafür mit einem Preis bedacht worden. In Kassel wollte es zuerst mit dem Start nicht klappen, unter den Zuschauern machten sich Enttäuschung und auch Wut breit. „Das ist alles nur Schwindel!", ertönte es aus der Menge. Aber beim zweiten Versuch gelang es Grade, mit seinem Flugapparat mehrere hundert Meter zurückzulegen, und nun klatschten die Leute Beifall. Zu Publikumsmagneten wurden auch die „Prinz-Heinrich-Flüge" 1911, 1913 und 1914, deren Schirmherr Prinz Heinrich von Preußen war, der Bruder Kaiser Wilhelms II.

Der legendäre Karli Marsen

Die schönste und ursprünglichste Form des Fliegens ist die Segelfliegerei. Und da taucht der Name Karli Marsen auf. Am 6. Oktober 1927 startete der 19-jährige Kasselaner um 14 Uhr mit seinem Segelflugzeug „Zierenberg" vom Gipfel des Dörnbergs und hielt sich zwei Stunden lang in der Luft – das war Dörnberg-Rekord, der viele Jahre Bestand hatte. Im selben Jahr überraschte er mit einer weiteren Pionierleistung: Nach dem Start auf dem Dörnberg segelte Marsen über Kassel hinweg und landete auf dem damaligen Flugplatz Waldau. Bis dahin hatte es noch niemand gewagt, eine Großstadt auf diese Weise zu überqueren.

Viele Jahre später, im März 1958, machte er als nun Fünfzigjähriger noch einmal international Schlagzeilen. Als erster Segelflieger der Welt setzte er sicher auf dem Zugspitzplatt auf, nachdem ihn ein Schleppflugzeug von Kempten aus auf 3300 Meter Höhe gezogen hatte.

100 000 Menschen verfolgten die Landung des Luftschiffs „Graf Zeppelin" am 3. September 1930 in Kassel.

Bücher auf dem Scheiterhaufen

NS-Aktion auf dem Friedrichsplatz gegen unliebsame Autoren

Am 18. Mai 1933 hielt der Pädagoge Dr. Karl Muster in der Aula des Friedrichsgymnasiums eine Rede zum Thema „Überwindung der Kräfte der Unterwelt durch den inneren Aufbau der Nation". Ein Volk lebe nur aus den Bindungen heraus, die aus dem organisch Gewachsenen, aus Blut, Boden und geschichtlichem Schicksal entstünden. Diese Bindungen seien bedroht durch den Bolschewismus und „die publizistischen Träger von Schund und Schmutz". Das bezog sich auf so bedeutende Autoren wie Thomas Mann, Alfred Kerr, Sigmund Freud und Carl von Ossietzky. Die meisten der vom NS-Regime verfolgten Autoren erhielten Schreibverbot, gingen ins Exil oder wurden in Konzentrationslager gebracht.

Makabres Schauspiel: Am 19. Mai 1933 ließen die Nationalsozialisten auf dem Friedrichsplatz Bücher missliebiger Autoren verbrennen.

Am Abend des 19. Mai 1933 bot sich auf dem Kasseler Friedrichsplatz ein gespenstisches Bild: Inmitten eines aus SA- und SS-Kolonnen gebildeten Karrees war ein großer Holzstoß aufgeschichtet, auf den aus Waschkörben und Kartons Bücher geworfen wurden. Zwei Musikzüge intonierten Marschlieder, dann wurde der Holzstoß in Brand gesteckt. Nacheinander traten neun Vertreter des Nationalsozialistischen Deutschen Studentenbundes vor und riefen, während sie einzelne Bücher in die Flammen warfen, so genannte Feuersprüche: „Gegen Dekadenz und moralischen Verfall! Für Zucht und Sitte in Familie und Staat! Ich übergebe der Flamme die Schriften von Heinrich Mann, Ernst Glaeser und Erich Kästner!"

Die Kasseler Zeitungen hatten einige Tage zuvor einen Aufruf zur Teilnahme an der Verbrennung von Büchern veröffentlicht, die „den Befreiungskampf des deutschen Volkes untergraben und erschweren". Gemeint waren Bücher jüdischer und anderer dem NS-Regime unliebsamer Au-

Terror nach der „Machtergreifung"

Mit der Ernennung Adolf Hitlers durch Reichspräsident Paul von Hindenburg am 30. Januar 1933 zum Kanzler einer Koalitionsregierung begann die sogenannte Machtergreifung der Nationalsozialisten. Zwei Monate später billigte der Reichstag das „Ermächtigungsgesetz", das der Regierung das Recht einräumte, auch ohne Volksvertretung zu regieren. Danach wurden alle gegnerischen Parteien verboten, die Gewerkschaften zerschlagen und jede freie Meinungsäußerung unterdrückt.

toren. Der Aufruf war, wie in anderen großen deutschen Städten, auch in Kassel erfolgreich: Nicht weniger als 30 000 Menschen verfolgten das makabre Schauspiel, das unweit des Denkmals von Landgraf Friedrich II. stattfand. Rund 2000 Bücher hatte man schon vorher aus öffentlichen Büchereien und privaten Beständen eingesammelt. Am Ende waren es mehrere tausend Bände, die an jenem Freitagabend verbrannt wurden.

„Literarisches Gift"

Den Sinn der Aktion begründete der Schriftleiter des rechtsgerichteten Blattes „Kasseler Post", Brasseler: „Weil wir Nationalsozialisten wollen, dass der deutsche Mensch wieder deutsch denkt, wollen wir ihn dazu erziehen, dass er nur deutsche Bücher liest." Dem literarischen Gift dürfe man nicht mehr weiter Gelegenheit geben, in das deutsche Volk einzudringen. Und Brasseler wörtlich weiter: „In dieser Geisteswende kehren wir jungen Menschen uns voll Ekel und Verachtung ab von den Erzeugnissen der letzten Jahre, von den literarischen Machwerken eines Tucholsky und eines Remarque, die versuchten, alles was groß war, in den Dreck zu ziehen." Die Veranstaltung auf dem Friedrichsplatz endete mit dem Absingen des Horst-Wessel-Liedes und der Nationalhymne.

Politische Gegner misshandelt

Die öffentliche Bücherverbrennung war ein armseliges Beispiel für die Verleugnung jeglicher geistiger Freiheit in der Literatur durch den Nationalsozialismus. Wie das Regime aber auf der politischen Ebene mit Andersdenkenden umging, zeigten die brutalen Übergriffe nach der Machtergreifung Adolf Hitlers am 30. Januar 1933. An diesem Tag umstellten SA-Männer das Kasseler Rathaus, zerrten politische Gegner aus dem Gebäude heraus und misshandelten sie auf der Rathaustreppe. In den folgenden Tagen wurden ganze Wohnbezirke abgeriegelt, in denen die Braunhemden Jagd auf Menschen machten, die auf ihrer „Schwarzen Liste" standen. Missliebige Persönlichkeiten waren auch Polizeipräsident Dr. Adolf Hohenstein und der Kommandeur der Schutzpolizei, Otto Schulz. Beide mussten ihre Ämter aufgeben.

Im Mai 1933 kam es noch schlimmer, denn nun starteten die braunen Schlägertrupps eine Gewaltwelle großen Stils. Sie schleppten politische Gegner in die Bürgersäle und schlugen sie dort, unbehelligt von der Polizei, brutal zusammen. Dabei kam unter anderem der jüdische Rechtsanwalt Plaut ums Leben. Bereits im März hatten SA-Leute das Gewerkschaftshaus besetzt, das Mobiliar zerschlagen und Akten auf die Straße geworfen. Mehrere Stadtverordnete wurden in sogenannte Schutzhaft im Polizeigefängnis am Königstor und im Zuchthaus Wehlheiden genommen.

Frische Luft für Kassels Altstadt

Sanierung und „Freiheiter Durchbruch“

Das war mal so recht eine Gelegenheit, sich selbst zu feiern, und die Nationalsozialisten ergriffen sie ausgiebig und mit der ihr in solchen Fällen eigenen Perfektion: Die Sanierung der Kasseler Altstadt war weitgehend abgeschlossen, und der „Freiheiter Durchbruch“, die neue, breite Verbindungsstraße zwischen Altmarkt und Martinsplatz, fertiggestellt. Eröffnet wurde sie am 9. Mai 1936, indem Gauleiter Weinrich ein zwischen zwei Säulen gespanntes Band durchschnitt.

Vorausgegangen war ein Festakt im Rathaus, zu dem 800 Ehrengäste geladen waren. Dann begab sich die illustre Gesellschaft, darunter Oberpräsident Prinz Philipp von Hessen und der Kasseler Militär-Befehlshaber General Ritter von Leeb, zu Fuß zum „Freiheiter Durchbruch“. Dazu läuteten die Glocken der Martinskirche. Nahe dem Marstall war ein Podium aufgebaut, von dem aus Gauleiter Weinrich eine markige Rede hielt. Natürlich ergriff auch Kassels Oberbürgermeister Lahmeyer das Wort und sparte nicht mit Lob für die Nationalsozialistische Deutsche Arbeiterpartei (NSDAP), die das schon seit den 1920er-Jahren geplante, aber wegen Geldmangels immer wieder aufgeschobene Projekt nun endlich durchgesetzt habe.

Die NSDAP hatte an diesem Tag alles mobilisiert, was eine braune oder schwarze Uniform trug: Pimpfe des Jungvolks, Formationen der SA und der SS und die Leiter der verschiedenen NS-Organisationen. Sie marschierten auf, bildeten Ehrenspaliere und salutierten vor Parteigrößen. Alle Häuser der Innenstadt waren mit Girlanden und Kränzen geschmückt, von den Fassaden hingen riesige Hakenkreuzfahnen herab. Kassels Bürger feierten die „Straßen-Weihe“ bis in den späten Abend hinein: Die Wirtshäuser und Kneipen durften länger geöffnet bleiben als an normalen Tagen.

Kälte, Feuchtigkeit und Rattenplage

Schon vor dem Ersten Weltkrieg hatte es konkrete Pläne gegeben, das Häusergewirr der Altstadt aufzulösen und bessere Verkehrsverhältnisse zu schaffen. Das drängendste Problem waren die katastrophalen Lebensverhältnisse: In die engen Gassen und Hinterhöfe gelangten kaum Licht und frische Luft, die Wände der meisten Wohnungen waren feucht oder gar vom Schimmel befallen, und die Küche war oft der einzige beheizte Raum. Das hatte viele Krankheiten zur Folge. So starben im Jahr 1908 fast 1000 Menschen in der Altstadt an Diphtherie, Typhus, an der Ruhr oder an Lungenentzündung. Vor allem unter den Kindern forderten Kälte und Feuchtigkeit viele Opfer. Ein Beamter der städtischen Wohnungsinspektion schrieb damals in einem Bericht: „Es sind mir Fälle bekannt, wo am hellen Tage Mütter ihre Säuglinge nicht allein in der Wohnung lassen können, um nicht Gefahr zu laufen, dass sie von Ratten angefressen werden.“

Das Armenhaus Kassels

Die meisten Hausbesitzer waren jedoch nicht für eine Sanierung der Mietwohnungen zu gewinnen. Sie investierten lieber in moderne Neubauten im Westen, wo neue Stadtbezirke entstanden. Die Altstadt verkam zum Armenhaus Kassels. Dann kam der Erste Weltkrieg, und es war erst recht kein Geld für Sanierungsmaßnahmen verfügbar. In den schlimmen Nachkriegsjahren mit Geldentwertung und horrender Inflation tat sich natürlich auch nichts.

Steuergelder und Notopfer

Das große Sanierungsprogramm wurde im Oktober 1933 mit dem Abriss des ersten Hauses am Martinsplatz gestartet. Am 21. März 1934 legte man den Grundstein für die neue Verbindungsstraße „Freiheiter Durchbruch". Zur Finanzierung zweigte die NS-Führung gezielt Steuergelder für das Projekt ab. Außerdem zog sie die Kasseler Einwohnerschaft zu einem Notopfer heran. Dabei kamen 385 000 Reichsmark zusammen. Insgesamt kostete die Altstadtsanierung, bei der übrigens die historische Bausubstanz erhalten blieb, 2,4 Millionen Mark. Für die 200 abgerissenen Unterkünfte wurden bis 1937 rund 150 Ersatzwohnungen geschaffen.

Gerade mal sieben Jahre lang konnten sich die Kasselaner ihrer rundum erneuerten Altstadt erfreuen, dann versank sie in der Bombennacht vom 22. auf den 23. Oktober 1943 in Schutt und Asche. Ihre Totengräber waren eben jene, die sie mit so viel Pathos und wohl auch Idealismus saniert hatten.

Luftaufnahme vom „Freiheiter Durchbruch" zwischen Altmarkt und Martinsplatz.

Die Wasserwand riss alles mit sich

Britische Bomber sprengten Loch in Edertalsperrmauer

„Ein dumpfes, unheimliches Rauschen kommt näher und näher … Da! Ein Schrei, den wohl niemand, der ihn hörte, jemals vergessen kann: Die Flutwelle! Sechs Meter hoch, wie eine schwankende Wand, stürzen sich die Fluten das Edertal herunter, alles niederwälzend, was sich ihnen in den Weg stellt!" Mit diesen dramatischen Sätzen schilderte Ludwig Köhler aus Fritzlar 1950 in einem Heimatkalender das nächtliche Grauen, von dem die Menschen in der Nacht zum 17. Mai 1943 erfasst wurden. Britischen Lancaster-Bombern war es gelungen, mit einer Spezialbombe ein 70 Meter breites und 22 Meter tiefes Loch in die Sperrmauer des Edersees zu sprengen. 160 Millionen Kubikmeter Wasser strömten ins Edertal und überfluteten auch die tiefer gelegenen Teile Fritzlars und Dörfer in der Wabernschen Tiefebene.

Köhler konnte sich noch sieben Jahre nach der Katastrophe gut daran erinnern, dass die Menschen in der betroffenen Region die Edertalsperre für bombensicher gehalten hatten. Das hatte jedenfalls die NS-Propaganda immer wieder behauptet. Schließlich hatte man es ja auch nicht für nötig befunden, die Sperrmauer mit Flak und Fesselballons zu schützen.

Als es dann doch passierte, als die britische Spezialbombe ein riesiges Stück aus dem Staudamm heraussprengte, scheuten sich nach dem Eindruck Ludwig Köhlers die NS-Dienststellen, der Bevölkerung in dieser Nacht die volle Wahrheit zu sagen. So wurden die meisten Gemeinden im Edertal per Telefon zunächst nur vor einem „Hochwasser" gewarnt. „Sicher hätte manches Opfer vermieden werden können", notierte Ludwig Köhler nach dem Krieg.

Monatelang in Schottland geübt

Die Sondereinheit des britischen Bomberkommandos hatte den Einsatz in Deutschland zuvor monatelang in Scheinangriffen auf Staudämme in Schottland geübt. Mit der Zerstörung von Talsperren hoffte man, die Stromversorgung der deutschen Rüstungsindustrie im Ruhrgebiet für eine Zeit lang lahmzulegen. Von den 19 eingesetzten viermotorigen Lancaster-Bombern wurden über Deutschland und den Niederlanden acht abgeschossen oder stürzten ab, wobei 53 der 133 Besatzungsmitglieder den Tod fanden. Ihr Kommandeur Guy Gibson fiel ein Jahr später, im September 1944, bei einem Aufklärungsflug über den Niederlanden.

Besonders dramatische Folgen hatte auch der Angriff auf die Möhnetalsperre bei Soest, der in der gleichen Nacht stattfand. Dabei kamen tragischerweise ca. 1600 Menschen ums Leben, darunter allein 1200 in einem Kriegsgefangenenlager in unmittelbarer Nähe der Talsperre.

Viele im Schlaf überrascht

Die meisten Dorfbewohner erkannten das ganze Ausmaß der Gefahr erst, als sie das Donnern und Tosen der nahenden Wassermassen vernahmen. Viele Menschen wurden im Schlaf überrascht und konnten in letzter Minute nur das nackte Leben retten. Andere ertranken in den reißenden Fluten. In Altenburg an der Mündung der Schwalm brachten sich die Menschen auf der etwas höher gelegenen Burgruine in Sicherheit. Aus vielen Ställen konnte das Vieh nicht rechtzeitig gerettet werden. Die Wassermassen brachten Häuser und Brücken zum Einsturz. Wie Spielzeug wurden auch die steinernen Pfeiler der Eisenbahnbrücke zwischen Wolfershausen und Haldorf umgerissen. Sie war Teil der Rhein-Weser-Bahn, einer wichtigen Strecke für den Transport kriegswichtiger Güter.

Insgesamt 47 Menschen kamen in jener Schreckensnacht ums Leben, vor allem in den Dörfern Hemfurth, Affoldern und Bergheim. Zwei Männer starben am frühen Morgen in Kassel. Da hatte die Flutwelle die Großstadt an der Fulda erreicht und verursachte auch hier wie anschließend in Hann. Münden schwere Schäden. Als das Hochwasser endlich abgeflossen war, bedeckten viele Kilometer weit Treibgut und Tierkadaver das Land. Zu den Aufräumungsarbeiten setzten die Behörden Pioniere der Wehrmacht, Männer des Reichsarbeitsdienstes und Hitlerjungen ein. Die Lücke in der Edertal-Sperrmauer war bereits nach vier Monaten geschlossen, und jetzt brachte man zu ihrem Schutz auch eine Flak-Batterie in Stellung.

70 Meter breit war das Loch, das eine britische Spezialbombe in die Sperrmauer des Edersees riss.

„Der Sog der Flammen zerrte an uns“

Das alte Kassel ging im Oktober 1943 im Bombenhagel unter

„Wir waren gerade erst zu Bett gebracht worden, es war früher Abend, über der Stadt wölbte sich ein klarer Sternenhimmel. Von der Straße drangen Wortfetzen und das Lachen von flanierenden Menschen in unser Schlafzimmer, und aus dem nahen Residenzcafé am Friedrichsplatz wehte die Tanzmusik hinüber, jedes Mal wenn sich die Eingangstür öffnete. Doch jäh gewann ein anderer gefürchteter Ton die Oberhand, das Heulen der Luftschutzsirenen: Großalarm! Mutter riss uns aus den Betten, schnappte sich ihr Notfall-Köfferchen mit den wichtigsten Papieren und einigem Schmuck und stürzte mit uns in den Keller. Es war der 22. Oktober 1943, es wurde eine Nacht des Grauens …" Mit diesen Zeilen beginnt der Erlebnisbericht des Kasselaners Klaus S., den er vier Jahrzehnte später für eine Familienchronik schrieb.

„Gegen 21.00 Uhr ließ der Luftschutzwart zwei Fronturlauber in den Keller, die nach dem Besuch des Kinos „Filmbühne Bürgersäle" in der Obersten Gasse von dem Alarm überrascht worden waren. Sie berichteten, dass die Stadt durch eine Unzahl von Leucht- und Zielmarkierungsbomben in gleißendes Licht getaucht sei, so dass man auf der Straße Zeitung hätte lesen können. Für einige Minuten herrschte draußen eine gespenstische Stille. Dann brach das Inferno über der Innenstadt herein, und wir waren mitten drin. Die Kellerwände und der Boden schwankten unter den furchtbaren Druckwellen der einschlagenden Sprengbomben und Luftminen. Es wurde unerträglich heiß, Rauch drang ein und brachte unsere vor Entsetzen geweiteten Augen zum Tränen.

Kleine schwarze Bündel

Im Nachbarkeller, zu dem man einen Durchbruch geschaffen hatte, schien ein altes Ehepaar zu schlafen. Aber es war gestorben, erstickt am Kohlenmonoxyd. Dasselbe Schicksal musste auch uns drohen, wenn wir nicht diese Todesfalle verließen. Mutter tauchte Tücher in einen Wassereimer, die wir gegen unser Gesicht drücken sollten, und dann taumelten wir auf die Straße.

Auf beiden Seiten brannten die Häuser lichterloh, der Sog der tosenden Flammen zerrte an uns, drohte, uns in die Feuer zu reißen. Aber mit letzter Kraft schaffte es Mutter, mit uns den Friedrichsplatz zu erreichen, wohin sich auch andere gerettet hatten. Dort sahen wir kleine schwarze Bündel liegen, die furchtbar rochen. Die Erwachsenen wollten uns nicht sagen, dass es verkohlte Bombenopfer waren. Den Geruch der sogenannten Brandleichen haben wir bis heute nicht vergessen", schloss Klaus S. den ersten Teil seines Berichts.

Ausgebombt: In jedem Zimmer eine Familie

Wie dennoch das Leben weiterging, wie sich die vielfach traumatisierten Menschen arrangierten, schilderte Klaus S. ebenfalls: „Nach dem Inferno vom 22. Oktober waren wir – wie die große Mehrzahl der Kasselaner – ausgebombt. Das heißt, wir besaßen nichts außer dem, was wir am Leibe trugen und was Mutter an einigen Wertsachen in ihrem Notfall-Köfferchen gerettet hatte. Unterschlupf fanden wir bei Verwandten, die für uns ein Zimmer räumten. Andere Familien, deren

Häuser von den Bomben verschont geblieben waren, wurden von den Behörden verpflichtet, auch fremde, obdachlos gewordene Menschen aufzunehmen. Dann lebte vielfach in jedem Zimmer eine Familie. Zwischenmenschliche Konflikte waren da unausweichlich, in der drangvollen Enge ging man sich auf die Nerven.

Wie in Trance hatten wir die Tage erlebt, an denen es draußen gar nicht richtig hell werden wollte, weil immer noch beißender Rauch über der Stadt lag. Man zog uns von den Fenstern zurück, wenn durch die Straße Lastkraftwagen voller Toter fuhren. Die Bombenopfer mussten wegen der Seuchengefahr binnen drei Tagen beerdigt sein. Das geschah in Massengräbern auf den städtischen Friedhöfen. Im Nachbarhaus waren vorübergehend zwei 15- und 16-jährige Jungen untergebracht worden, die man im Rahmen der ‚Kinderlandverschickung' zusammen mit anderen Jugendlichen in Heime außerhalb Kassels evakuiert hatte. Nun mussten sie ihre Familienangehörigen identifizieren, die alle umgekommen waren. Danach schickte man die armen Burschen zu entfernten Verwandten in eine andere Stadt."

Eine traurige Nachricht für Angehörige, mit Kreide auf ein Trümmerteil geschrieben.

Kassel auf Prioritätenliste der Bomber

Kassel war, weil hier 21 Rüstungsbetriebe arbeiteten, auf der Prioritätenliste des britischen und amerikanischen Bomberkommandos als vorrangiges Ziel eingestuft. Anfangs beschränkten die Alliierten ihre Angriffe auf Werke wie Henschel, wo Panzer und Lokomotiven gebaut wurden, oder die Fieseler-Flugzeugwerke. Doch mit Fortschreiten des Krieges gingen sie zu Flächenbombardements über, um die Moral der Zivilbevölkerung zu erschüttern. Kassel traf es besonders schlimm in der Nacht vom 22. auf den 23. Oktober 1943.

Als die rund 400 Briten-Bomber abdrehten, hinterließen sie riesige Flächenbrände. 10 000 Menschen kamen ums Leben. Am grauenvollsten wüteten die Feuer in der Kasseler Altstadt mit ihren Fachwerkhäusern. In den Kellern wurde die Hitze unerträglich. Auf der Suche nach einem besseren Schutzraum machten sich die Menschen zu regelrechten Wanderungen unter der Erde auf. Dabei kam es zu Ansammlungen von bis zu 100 Personen, die dann doch meist den Tod fanden. Viele Altstadt-Bewohner konnten sich jedoch über eine zur Fulda führende Holzbrücke in Sicherheit bringen; sie war an der Schlagd – nur einen Tag vor dem Angriff – als Fluchtweg fertiggestellt worden.

Insgesamt war Kassel zwischen dem 22. Juni 1940 und dem 21. März 1945 vierzig Mal das Ziel von Luftangriffen. Rund 18 000 Tonnen Bomben, Luftminen und Stabbrandbomben wurden abgeworfen, insgesamt 12 000 Menschen verloren ihr Leben. Von 65 000 Wohnungen vor dem Krieg befanden sich 1945 nur noch 19 000 in einem halbwegs akzeptablen Zustand.

Mobile Verpflegungsstellen

Lebensmittel waren nach den Erinnerungen von Klaus S. in den ersten Tagen nach dem Angriff nur schwer zu bekommen. „So pilgerte unsere Wohngemeinschaft einige Male zu einer der im Stadtzentrum eingerichteten mobilen Verpflegungsstellen. Eine nannte sich „Hilfszug Fuchs", der am Adolf-Hitler-Platz, dem heutigen Brüder-Grimm-Platz, aus großen Blecheimern heiße Suppe austeilte. Auch wir Kinder hatten blecherne Näpfe in der Hand und warteten geduldig in der Schlange, bis wir dran kamen.

Einmal gingen wir weiter zu unserem zerstörten Haus, von dem nur noch die Brandmauern standen. Die Straßen im Stadtzentrum waren kaum mehr wiederzuerkennen. Statt ihrer gab es ein Netz schmaler, oft krumm verlaufender Wege, die durch die Schuttberge vorgegeben wurden. Auf dem Königsplatz wies Mutter mit dem Finger in die Ferne: Nach dem Vernichtungswerk der Bomben konnten wir weit hinaus ins Land sehen, bis zur Söhre, dem Kaufunger und dem Reinhardswald", schloss Klaus S. seinen Erlebnisbericht.

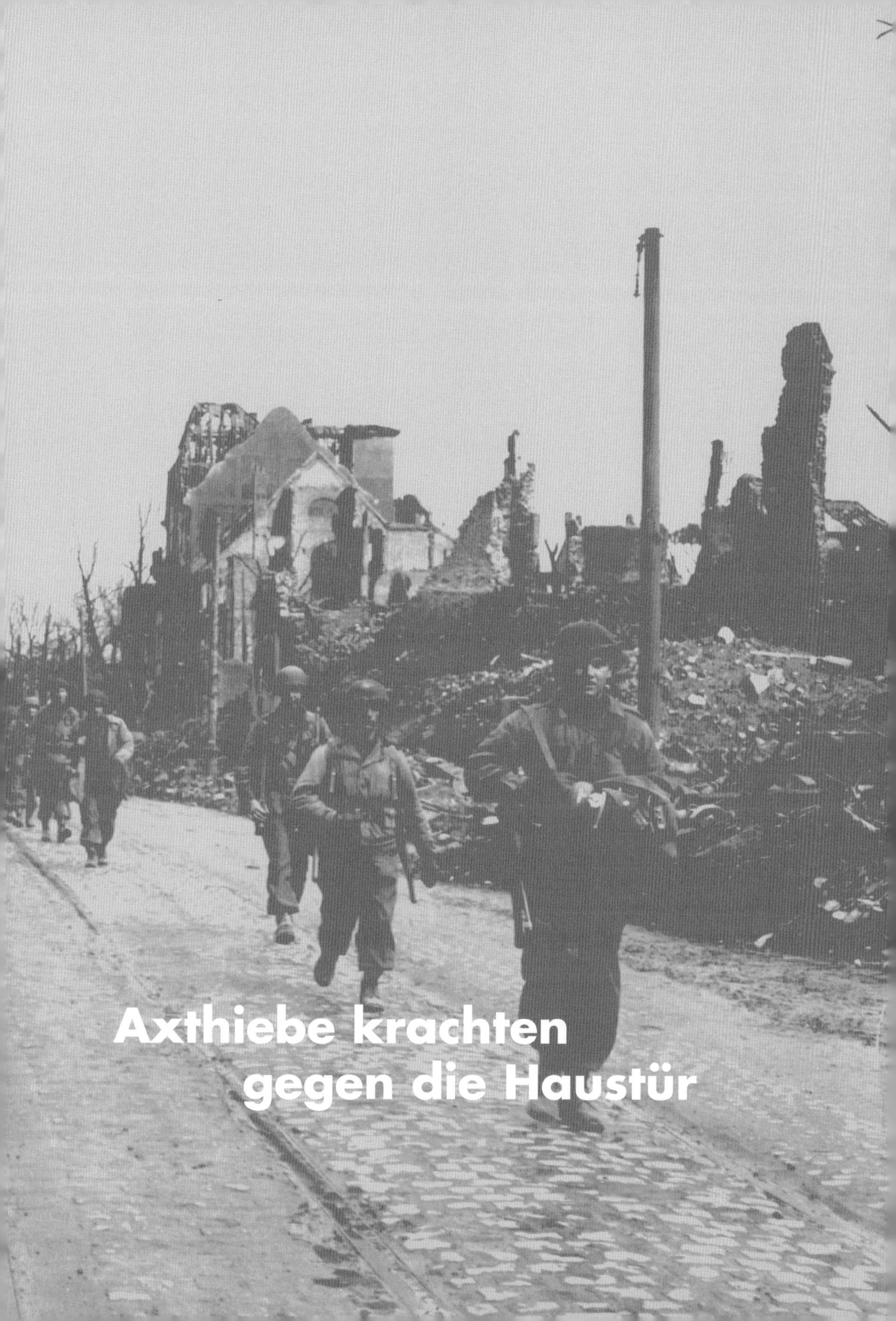

Axthiebe krachten gegen die Haustür

Banden machten nach Kriegsende das Land unsicher

Krachende Axthiebe gegen die Haustür rissen in einer Nacht im Mai 1945 die Bewohner des Neuhofs, eines einsam gelegenen kleinen Guts bei Homberg/Efze, aus dem Schlaf. Ein halbes Dutzend Männer stand auf dem Hof, verlangte mit wüsten Drohungen Einlass ins Haus. Als der Gutsherr ihnen öffnete, sie aber nicht hereinlassen wollte, wurde er mit Knüppeln niedergeschlagen. Dann verteilten sich die Männer, die kein Deutsch sprachen, in alle Räume und durchwühlten die Schubladen nach Wertsachen. Die vor Angst zitternden Kinder des Gutsherrn und seine Frau wurden in einem Zimmer eingesperrt.

Nachdem sie sich im Haus bedient hatten, holten die Männer mehrere Ferkel aus dem Stall und schlachteten sie. Mit dem Fleisch und ihrer übrigen Beute zogen sie noch vor Morgengrauen wieder ab und hinterließen schwer geschockte Hofbewohner. Der Gutsherr lag mit einer klaffenden Kopfwunde bewusstlos im Hausflur, kam aber nach einigen Stunden wieder zu sich.

Alarmanlage montiert

Als nur wenige Wochen später erneut eine Bande auf dem Gut auftauchte, konnte Schlimmeres verhindert werden, indem man ihr freiwillig zwei Rinder überließ und die Eindringlinge in der Küche verköstigte. Aber nun war es dem Gutsherrn zu bunt geworden: Er montierte auf dem Dach des Wohnhauses eine alte Luftkriegs-Sirene und sprach mit der Homberger Polizei ab, dass ihr Aufheulen Alarm und die Bitte um Hilfe bedeuten würde. Das handbetriebene Gerät musste indes nicht mehr in Gang gesetzt werden, weil nichts mehr passierte. Vielleicht lag das auch daran, dass sich nun häufiger ein Jeep der amerikanischen Militärpolizei auf dem Hof zeigte. Man dankte es den GI's mit Buttermilch und frischen Eiern.

In den ersten Wochen nach dem Ende des Zweiten Weltkrieges mit dem militärischen, staatlichen und moralischen Zusammenbruch Deutschlands ging es in manchen Regionen Nordhessens wie im Wilden Westen zu: Frühere Zwangsarbeiter, ehemalige Kriegsgefangene und entwurzelte Jugendliche zogen in Banden übers Land und waren auf Beute aus. Die deutsche Polizei war anfangs machtlos, zumal sie ihre Waffen hatte abgeben müssen.

Gefährliche Spiele mit Munition

Gefahren anderer Art stellten die Altlasten der letzten Kämpfe dar: Zerschossene Geschütze, ausgebrannte Panzer und Flugzeug-Wracks, bei denen häufig noch Munition herumlag. Sie zogen vor allem Kinder und Jugendliche magisch an. In der Gemarkung Ehlen (Habichtswald) bei Kassel hatte sich eine Gruppe von Kindern Zugang zu einem früheren Munitionsbunker der Deutschen Wehrmacht verschafft. Er war zwar geräumt, aber in einer Ecke lagen noch Patronengurte. Mehrere ältere Jungen machten sich mit einem Hammer darüber her, um die Treibladungen abzutrennen, um dann mit ihnen zu zündeln. Plötzlich gab es einen lauten Knall, schreiend stürzten die Jungen aus dem Bunker – bis auf einen, er war umgekommen.

Nicht minder gefährlich lebte die Jugend in der zerbombten Großstadt Kassel. Dort bildeten die unzähligen Trümmergrundstücke und einsturzgefährdeten Häuserruinen, obwohl streng untersagt, das Ziel abenteuerlicher Exkursionen. Immer wieder mussten Rettungskräfte ausrücken, um verletzte oder gar verschüttete Kinder zu bergen. Andere wagten sich in beschädigte Luftschutzbunker hinein und hatten oft Mühe, wieder den Ausgang zu finden. In der Fantasie der Jugend – bevorzugt waren Indianer-Spiele – bildeten die mit Buschwerk bedeckten Schutthalden die Berge der Rocky Mountains, und die halb verschütteten Keller Bärenhöhlen oder Goldminen.

Soldaten der 80. US-Infanteriedivision marschierten Anfang April 1945 auf der Wilhelmshöher Allee in Kassel ein.

Sie waren die Geburtshelfer der D-Mark

25 Finanzexperten tagten 1948 auf dem Fliegerhorst Rothwesten

Am 20. April 1948 rollte ein amerikanischer Militärkonvoi über die Autobahn nach Kassel, an der Spitze Jeeps mit Militärpolizei (MP), am Ende der Kolonne ebenfalls. Die MP eskortierte ein knappes Dutzend Autos, in denen meist ältere Herren in Hut und Mantel saßen. Ihr Ziel war der frühere deutsche Luftwaffen-Stützpunkt Rothwesten, der nun eine Basis der US-Air Force war. Außerdem waren hier hoch geheime Abhöreinrichtungen in Richtung Osten installiert. Rothwesten gehörte zu den bestbewachten Stützpunkten der Amerikaner in Europa.

Auf dem Kasernengelände angelangt, verschwanden die 25 Herren in Zivil in einem abgelegenen, streng abgeschirmten Gebäude, um es auf Wochen nicht zu verlassen. Es waren deutsche Finanz- und Währungsexperten, die von der US-Besatzungsmacht zu diesem Konklave bestellt worden waren. Ihre Aufgabe war die Ausarbeitung der Leitlinien für die Währungsreform in den drei westlichen Besatzungszonen Deutschlands. Sie war zuvor von einer deutschen Kommission unter Leitung von Ludwig Erhard im Auftrag der West-Alliierten vorbereitet worden. Die in Rothwesten versammelten Sachverständigen übersetzten amerikanische Texte und Fragebögen, leisteten Formulierungshilfe bei Gesetzestexten, Verordnungen und Durchführungsbestimmungen.

Neue Banknoten in USA gedruckt

Am 21. Juni 1948 war es so weit: Die alte Reichsmark verlor an diesem Tag ihre Gültigkeit, an ihre Stelle trat die Deutsche Mark (DM). Das neue Geld war bereits 1947 in den USA gedruckt worden und, in 23 000 Kisten verpackt, per Schiff Ende Mai 1948 in Bremerhaven angekommen. Unter strengster Geheimhaltung brachte man sie dann in acht Sonderzügen in die Keller der früheren Reichsbank in Frankfurt am Main.

In Kassel hatte es sich am 16. Juni herumgesprochen, dass in wenigen Tagen die alte Währung abgelöst werden sollte. Daraufhin kam es vielfach zu Angstkäufen. Die Situation verschärfte sich durch Händler, die Lebensmittel und Gebrauchsgegenstände zurückhielten, weil sie sich Vorteile vom Verkauf gegen das neue Geld versprachen. Oberbürgermeister Seidel und die Spitzen der Wirtschaftsverbände sahen sich genötigt, über die Zeitungen einen Appell an Bürger und Geschäftsleute zu richten: „Wer in solchen Zeiten nur an sich denkt und seine eigennützigen Interessen zu wahren versucht, versündigt sich an der Allgemeinheit."

Umtauschtag war der 20. Juni, ein Sonntag. Jeder Bürger erhielt ein sogenanntes „Kopfgeld" von 60 D-Mark im Umtausch gegen 60 Reichsmark (RM). 40 DM gab es sofort bar auf die Hand, die restlichen 20 Mark wurden später ausgezahlt. Mit dem Stichtag 21. Juni erloschen alle alten Zahlungsmittel außer dem Kleingeld bis 1 RM, das zu einem Zehntel seines Nennwerts vorerst noch gültig blieb, bis genügend neue Münzen im Umlauf waren.

Den Geldumtausch in Kassel organisierten die 227 Lebensmittelkartenstellen, vor denen sich lange Menschenschlangen bildeten. Um Betrügereien zu verhindern, wurde jedem, der 40 Mark erhalten hatte, die Kennkarte gelocht. Am Abend jenes Sonntags hatten alle Kasselaner das neue Geld im Portemonnaie, insgesamt waren es 5,6 Millionen D-Mark.

Geldüberhang wurde beseitigt

Die Währungsreform in der amerikanischen, der britischen und der französischen Besatzungszone Deutschlands beendete eine „zurückgestaute“ Inflation. Sie war durch die Rüstungs- und Kriegsfinanzierung, durch Lohn- und Preisstopp und eine totale Devisenbewirtschaftung etwa seit 1936 hervorgerufen worden. Auch nach dem Kriegsende 1945 war die Wirtschaft weitgehend gelähmt, weil die Militärregierungen den Preis- und Lohnstopp sowie die Devisenbewirtschaftung beibehielten. Das Ziel der Währungsreform, den entstandenen Geldüberhang zu beseitigen, wurde voll erreicht.

Mit der Währungsreform begann sich die Versorgungslage spürbar zu verbessern. Von einem Tag zum anderen waren die Schaufenster der Kasseler Geschäfte prall mit Auslagen gefüllt. Freilich konnten die meisten Menschen die Preise für die Waren noch nicht bezahlen. Verfügte man vorher bei einem dürftigen Warenangebot über vergleichsweise jede Menge Geld, war es nun genau umgekehrt. Doch die Startschwierigkeiten wurden bald überwunden. Die bei Kassel vorbereitete Währungsreform bildete den Grundstein für das später auch international viel gerühmte „deutsche Wirtschaftswunder“.

Auch in der Filiale der Stadtsparkasse in der Wolfsschlucht konnten die Kasseler ihr Geld umtauschen.

Ruinen als Zissel-Staffage

Volks- und Heimatfest 1949 nach zehn Jahren wiederbelebt

Willi Schmidt, der „Zisselvadder"

Er gilt als Wiederentdecker und Festmarschall des Zissels: Der Volksschauspieler, Theaterleiter und Stadtamtmann Willi Schmidt. Das Schicksal hatte dem am 9. Oktober 1889 in der Kasseler Altstadt geborenen, Zeit seines Lebens kunstbegeisterten jungen Schmidt zwar einen nüchternen Arbeitsplatz im Leben zugewiesen: Er wurde städtischer Beamter, und er übte diesen Beruf in preußischer Pflichterfüllung aus.

Seine Freizeit gehörte aber den Musen, besonders dem Theater. Schmidt nahm Schauspielunterricht und galt als einer der talentiertesten Schüler. Und 1911 gelang es ihm sogar, mit dem „Wehlheider Hoftheater" eine eigene Bühne zu gründen, auf der er das Heimatspiel pflegte. Willi Schmidts Regiekunst war bald so bekannt, dass er gebeten wurde, Heimatfeste auszurichten. Und so griff er richtungweisend in den Zissel ein. Schmidt weitete ihn zu einem wahren Volksfest aus, indem er die Kasseler Altstadt mit in das Geschehen an der Fulda einbezog. Er verstand es als Regisseur meisterhaft, Herz und Gemüt im kommerziellen Massenbetrieb nie untergehen zu lassen. Schon früh erhielt er den Ehrentitel „Zisselvadder". Im Jahre 1962 starb Willi Schmidt im Alter von 73 Jahren.

In den ersten schweren Nachkriegsjahren nach 1945 hatten die Kasseler Bürger Selbstmitleid und Verzagtheit schnell abgeschüttelt und waren mit einer Riesenportion Optimismus darangegangen, ihr Leben neu aufzubauen. Fast zwangsläufig regte sich nun auch der allgemeine Wunsch, mal wieder richtig auf den Putz zu hauen. Das war weniger ein Ausdruck von kollektiver Vergnügungssucht, als vielmehr die instinktive Einsicht, dass ein ausgelassenes Fest wie ein Lebenselixier wirken kann. Deshalb wurde bald die Parole ausgegeben: Wir zisseln wieder!

Und das taten sie dann auch, nach zehnjähriger kriegsbedingter Zwangspause, erstmals wieder vom 6. bis 8. August 1949, einem Wochenende. Der Zissel, das traditionelle Volks- und Heimatfest der Fulda-Stadt, lockte Zehntausende von Kasselern, Kasselanern und Kasselänern an den Fluss und auf die Straßen. („Kasselaner" sind in Kassel geboren, „Kasseläner" sind Leute, deren Eltern bereits in Kassel zur Welt kamen).

Noch waren die Straßen von vielen Trümmergrundstücken gesäumt, und die vom Feuer geschwärzten Fensterhöhlen bildeten einen bizarren Kontrast zu dem bunten Treiben beim Landfestzug. Aber an jenem Samstag konnten die Häuser-Ruinen noch so düster aussehen, sie waren lediglich die Staffage eines Stadtfestes mit Symbolcharakter: Die Bürger feierten es als sichtbaren Ausdruck ihrer Hoffnung auf eine bessere Zukunft ohne Zwangsherrschaft und Krieg.

„Häh kimmet", riefen sich die Menschen zu, als der Herkules mit seinen Naturgeistern auf einem geschmückten, offenen Wagen der Kasseler Verkehrs-Gesellschaft zur Zisselfreigabe vor das Rathaus rollte. Ihm folgten in einer Kutsche die „Duckefetten mit ihren Mitschwestern", modisch nach Anno Tobak gekleidet. Auf der Rathaus-Freitreppe hatte sich der Kasseler Magistrat mit Oberbürgermeister Willi Seidel postiert. Auch ein Vertreter der US-Militärregierung war zugegen.

Der Präsident des Zisselrates, Dr. Kremser, erhielt von Seidel die offizielle Freigabe des Festes. Dann überreichte die Zisselbrüder-Gilde dem Oberbürgermeister die neue Zisselfahne, die auf weißem Grund zwei gekreuzte Heringe zeigte und als Bannerbehang mit metallenen Heringen geziert war. Die Standarte hatten Lehrlinge der Firma Henschel gefertigt.

„Alles aß Hering“

Anschließend setzte sich der Landfestzug in Bewegung und endete auf dem Marställer Platz, wo Bürgermeister Dr. Grenzebach den Zissel offiziell eröffnete: „Jawohl, mäh sinn mäh, das können wir mit Stolz sagen, und auch heute wollen wir beweisen, dass Kassel keine tote Stadt ist.“ Das wurde mit tosendem Beifall quittiert. Sodann setzte ein Ansturm auf die Zisselhering-Spende ein. „Wohin man schaute, – alles, ob jung oder alt, ob mit Rang und Würde oder ohne – alles aß Hering“, so damals ein Zeitungschronist.

Am Abend und am darauffolgenden Sonntag wurde deutlich, was den Kasseler Bürgern der richtige Zissel ist, nämlich ein Wasserfest. Immerhin war es ja auch in den zwanziger Jahren aus einem kleinen Fischer- und Bootsfest entstanden. Nach dem Wasserfestzug am Nachmittag schmückten bunte Lichter und Lampions die Fulda und ihre Ufer, Feuerwerkskörper krachten und die Schiffe fuhren „die Fulle ruff un runner“.

Die Route des Zissel-Landfestzuges war 1949 noch von vielen Trümmer-Grundstücken gesäumt.

Bei Gastspiel die Stiftsruine entdeckt

Johannes Klein begründete Bad Hersfelder Festspiele

Lag es an dem besonderen „Gespür", das den kunstschaffenden Österreichern aus dem Salzburger Land nachgesagt wird? Lag es daran, dass Johannes Klein vor dem Zweiten Weltkrieg engster Mitarbeiter und Assistent des berühmten Theaterregisseurs Max Reinhardt in der Festspielstadt Salzburg war? Jedenfalls wurde er zum Begründer der Bad Hersfelder Festspiele und deren Leiter von 1951 bis 1960. Ihm ist es zu verdanken, dass sich die Hersfelder Stiftsruine zu einer Mysterienbühne ersten Ranges in Europa entwickelt hat.

Von 1941 bis 1943 war Johannes Klein, der gebürtig aus Oberösterreich stammte, Intendant in Gießen. Bei einem Gastspiel seines Ensembles in Bad Hersfeld entdeckte er die Ruine der über 1000-jährigen Stiftskirche, die ihn als Theatermann über alle Maßen faszinierte. Sie ist das größte Karolinger Bauwerk nördlich der Alpen.

Mysterienbühne nach Salzburger Vorbild

Schon damals entwickelte Klein den Plan, nach Salzburger Vorbild aus der Stiftskirche eine große Mysterienbühne zu schaffen. Sie erschien ihm prädestiniert für Aufführungen beispielsweise des „Jedermann", einer Wiederbelebung des mittelalterlichen Mysterienspiels, in der Neufassung von Hugo von Hofmannsthal. Doch der Krieg verhinderte sein Vorhaben.

Die Stiftsruine Bad Hersfeld, vom Turm der Stadtkirche aus gesehen.

Den Zusammenbruch Deutschlands 1945 erlebte Klein als Intendant des Berliner Residenztheaters. Schon drei Tage nach dem Einmarsch der Roten Armee stellte er ein neues Ensemble auf die Beine und spielte als erster wieder Theater. Seine Vitalität und künstlerische Passion übertrugen sich auch auf die Schauspieler der alten Reichshauptstadt. Doch die Idee mit der Stiftsruine ließ ihn nicht mehr los, und so ging er 1950 nach Bad Hersfeld, um seine Vorstellungen endlich umzusetzen.

Hochkarätig besetztes Ensemble

Mit Unterstützung durch die Industrie gelang es ihm, 1951 die ersten Festspiele zu gestalten, und das mit einem Etat von nicht mehr als 35 000 D-Mark. Im darauffolgenden Sommer brachte es Klein dank seiner guten Verbindungen zu den führenden deutschsprachigen Theatern fertig, ein hochkarätig besetztes Ensemble auf die Bühne der Stiftsruine zu stellen. Es spielten so große Namen wie Paula Wessely, Elisabeth Flickenschild, Ida Ehre und Birgit Nilsson. Bad Hersfeld entwickelte sich zu einem Zentrum der Hofmannsthal-Pflege: Das „Große Welttheater" und „Jedermann" mit Attila Hörbiger und Lil Dagover wurden Riesenerfolge, die auch international stark beachtet wurden.

Im Gegensatz zu Salzburg ließ Klein als Erster in Bad Hersfeld die Dämmerung und die Nacht „mitspielen". So hatte die Tafelszene im „Jedermann" eine besonders eindrucksvolle Wirkung, wenn der Tod in der Finsternis oder unter sternenübersätem Himmel aus der Krypta der Stiftsruine auf die Bühne trat. Sein Credo fasste er in diesem Satz zusammen: „Das architektonische Monument der Stiftskirche bestimmt Gestaltung und Spielplan der Festspiele entscheidend mit und verlangt nach Werken von überragender symbolischer Bedeutung."

Applaus anfangs verpönt

Aus heutiger Sicht kurios: In den ersten Festspieljahren war das Publikum gehalten, in der Stiftsruine nicht zu applaudieren oder gar zu lachen. Selbst als der Nachfolger Kleins als Intendant, William Dieterle, 1961 mit dem Sommernachtstraum von Shakespeare erstmals ein Lustspiel auf die Bühne brachte, waren Lachen und Beifall tabu. Schließlich war und ist die Stiftsrune eine Kirche. Erst unter Intendant Ulrich Erfurth wurde mit dieser Gepflogenheit gebrochen.

Das Stadionrund schimmerte weiß

20 000 kamen zur Einweihung des Auestadions

Die 20 000 Zuschauer waren von fiebriger Erwartung erfasst, das weite Oval der Fußball-Arena war bis auf den letzten Platz besetzt, Dutzende Jugendliche hatten mehrere Pappeln erklettert und damit ihre speziellen „Logenplätze" gesichert. Das ganze Stadionrund schimmerte weiß, weil die Männer ihre Jacken ausgezogen hatten und damals fast alle weiße Hemden trugen. Und über den Zuschauerrängen waberte es bläulich: Ursache waren unzählige Rauchwerkzeuge, die mit großem Fleiß in Tätigkeit gehalten wurden. Es war der 23. August 1953, der Tag, an dem das neu errichtete Kasseler Auestadion eingeweiht wurde.

Als Baugrund diente ein ehemaliges Aufmarschgelände am Südwestrand der Karlsaue. Für die Fundamente der Tribünen wurden 100 000 Kubikmeter Trümmerschutt aus der Innenstadt verwendet. Von jedem Sitzplatz der Haupttribüne hatte man freie Sicht auf das Spielfeld, weil das herausragende Dach freitragend erbaut wurde und die Seitenwände verglast waren. Das Auestadion war lange Zeit wegweisend für andere Stadion-Neubauten in Deutschland.

Natürlich fehlte auch die Politik bei diesem Ereignis nicht. Hessens Ministerpräsident Georg August Zinn hielt eine würdige Rede und überbrachte einen Scheck der Landesregierung über 100 000 Mark für den weiteren Ausbau der Mehrzweck-Arena, denn sie sollte auch Austragungsstätte von Leichtathletik-Wettkämpfen und kulturellen Veranstaltungen sein.

Doch Vorrang hatte und hat bis heute „König Fußball". Über viele Jahre galt das Auestadion als nur schwer einnehmbare Festung des KSV Hessen Kassel. Just im Jahr der Stadion-Einweihung war der KSV in die Süddeutsche Oberliga aufgestiegen, die seinerzeit höchste Spielklasse. Erster Gegner im neuen Stadion war an jenem 23. August 1953 Viktoria Aschaffenburg.

Und dann begann es, das „große Spiel", wie es auch in dem Song hieß, der in späteren Jahren regelmäßig vor dem Anpfiff aus den Lautsprechern erklang. Nicht enden wollende Sprechchöre „KSV, KSV...!" donnerten als Anfeuerung über den Platz. Die Leute schrien sich heiser, jubelten und litten mit.

Es ging fairer zu als heute

Das alles geschah mit einem wesentlichen Unterschied zu unserer Zeit: Krawalle auf den Zuschauerrängen waren so gut wie unbekannt. Daher gab es im Auestadion keine Absperrgitter, die an Raubtierkäfige erinnern. Auch auf dem grünen Rasen ging es fairer zu. So war es selbstverständlich, dass sich die Spieler selbst bei einem geringfügigen Foul beim Gegner per Handschlag entschuldigten. Leider meinte es Fortuna an diesem Tag nicht gut mit den Kasseler Kickern, denn sie unterlagen der Viktoria aus Aschaffenburg mit 1:2. Einigermaßen frustriert und traurig schlichen die 20 000 Fans nach Hause.

Einer der Leistungsträger bei den Kasseler „Löwen" war Karl-Heinz Metzner, der 1952 sogar von Sepp Herberger in die Nationalmannschaft berufen worden war. Der offensive Mittelfeldmann zeigte in mehreren Länderspiel-Einsätzen eine glänzende Leistung, vor allem seine

Traumpässe vor das gegnerische Tor wurden berühmt. Die deutsche Presse war von ihm so angetan, dass sie ihm „Galavorstellungen" bescheinigte. Damit hatte der gebürtige Kasseläner seinen Spitznamen weg und wurde fortan „Gala" Metzner genannt. Beim WM-Turnier 1954 in der Schweiz, als Deutschland sensationell Fußball-Weltmeister wurde, war er als Neuling allerdings nur „Edelreservist" und hatte das Pech, dass es keine Spielerausfälle gab, die zu seinem Einsatz geführt hätten.

Eine Frage der Ehre

Das frisch gebackene WM-Team wurde mit einem Sonderzug quer durch die Bundesrepublik gefahren, und für jeden Spieler gab's eine Prämie von 1000 Mark, plus 200 Mark für jeden Einsatz bei einem Spiel. Für seine Heimatstadt oder gar für Deutschland sein Bestes zu geben, war eben damals keine Frage des großen Geldes, sondern eine der Ehre. Die Spitzenkicker der ersten Nachkriegsjahre machten nicht viel Aufhebens um ihre Person, sie hielten auf gute Kameradschaft nach der Devise „Einer für alle, und alle für einen".

„Gala" Metzner, nach einem guten Spiel von einem Sportreporter interviewt, sagte bescheiden: „Was glaubt Ihr denn, welch ein Gefühl das ist, beim Schlusspfiff gewusst zu haben: wir haben ehrenvoll bestanden. Ich kann das gar nicht beschreiben." Karl-Heinz Metzner starb 1994 im Alter von 71 Jahren.

Das moderne Auestadion, wie es sich heute darstellt.

Das „knuspernde“ sibirische Holzfeuer

Kriegsgefangener schrieb 1948 an seine kleine Nichte

Im April 1948 traf im heutigen Breunaer Ortsteil Wettesingen eine leicht verwaschene Postkarte ein. Sie bestand aus grob gekörntem Papier und enthielt am oberen Rand formale Angaben in Russisch und Deutsch. Die Karte war eng in kleinster Schrift mit Tintenstift beschrieben, jedes freie Fleckchen war genutzt. Adressatin war ein Mädchen, das am 19. April acht Jahre alt wurde, der Absender ihr Onkel, der sich seit 1945 in russischer Kriegsgefangenschaft befand.

Der Offizier musste zusammen mit anderen Gefangenen in Sibirien schwere Arbeit als Holzfäller leisten. Auf der Karte an seine kleine Nichte machte er aber nicht seine eigene Situation zum Thema, sondern die Stimmung und Atmosphäre, die entsteht, wenn abends ein großes Holzfeuer angezündet wird: Wie die ersten kleinen Flämmchen aufzucken, wie das Feuer wächst und „knuspert und knäuspert" und schließlich hell lodert. „Die Lichtfunken tanzen durch die Luft, das Holz knackt und ächzt und der Feuerschein wirft sein wechselndes Licht auf die Gesichter der Männer und in das Waldesdunkel hinein." Der Text war ganz auf die Adressatin, die Perspektive eines Kindes, eingestellt.

Die beschriebene Atmosphäre ist der Empfängerin noch heute gegenwärtig. Die Karte wird von der Familie bis heute als ein kostbares Geschenk aufbewahrt. Die deutschen Kriegsgefangenen in Russland durften nämlich damals nur in großen, festgesetzten Zeitabständen Briefe schreiben. Der Onkel hatte diese seltene Gelegenheit also dazu benutzt, seiner kleinen Verwandten eine Freude zum Geburtstag zu machen.

Hilfe durch jüdische Ärztin

Der Kasseler Reinhold S. war als Leutnant um die Jahreswende 1944/45 in Ostpreußen in sowjetische Kriegsgefangenschaft geraten. Im November 1958 wurde er „wegen Beteiligung an NS-Kriegsverbrechen" zu zweimal 25 Jahren Arbeits- und Besserungslager verurteilt. Das Richter-Gremium hatte damals im Schnellverfahren die Urteile gefällt, „rund 300 innerhalb von zwei Stunden", wie er sich erinnerte. Nach vier Monaten strenger Einzelhaft schickte man ihn nach Stalingrad, wo er beim Wiederaufbau der Stadt an der Wolga helfen musste.

Dann jedoch hatte der Offizier ein überraschendes Erlebnis. Inzwischen in einem Steinbruch eingesetzt, kam er wegen völliger Entkräftung ins Krankenrevier des Gefangenen-Lagers. Dass er sich verhältnismäßig schnell erholte, hatte er der Privatinitiative einer russischen Ärztin zu verdanken. Diese ließ ihn mehrmals, angeblich zum Holzhacken, zu sich nach Hause abkommandieren. In Wahrheit päppelte sie den deutschen Ex-Leutnant mit Bratkartoffeln und Gemüse auf – die Ärztin war Jüdin.

Noch fünf Jahre dauerte es, bis er wieder in seine nordhessische Heimat zurückkehren konnte. Als er 1953 vom Grenzdurchgangslager Friedland bei Göttingen zu dem von seiner Frau erbauten Häuschen in Wettesingen gefahren wurde, wetteiferten die Dorfbewohner mit Liebesbezeugungen: Sie brachen in Hoch-Rufe aus, klatschten Beifall und schleppten große Blechkuchen herbei, bei deren Anblick dem abgemagerten Ex-Kriegsgefangenen die Augen übergingen. In der Gefangenschaft hatten seine Kameraden und er, von Beruf Jurist, durch abendliche Vorträge versucht, sich seelisch und geistig aufrecht zu erhalten. Dabei stellte jeder seinen eigentlichen Beruf vor oder referierte über ein beliebiges Fachthema.

Winkende Menschen an den Straßen

Im Oktober 1953 waren kurz hintereinander mehrere Heimkehrer-Transporte aus der Sowjetunion eingetroffen. Während der Fahrt durch die DDR wurden die früheren Wehrmachts-Angehörigen auf den Bahnhöfen oft das Ziel wüster Beschimpfungen durch bestellte kommunistische Demonstranten. Umso befreiender wirkte der herzliche Empfang, den sie auf westdeutschem Boden erlebten. Mit Bussen oder privat organisierten Auto-Konvois wurden sie vom Zonengrenz-Kontrollpunkt Herleshausen nahe Eisenach nach Friedland gebracht. Während der Fahrt säumten winkende Menschen die Straßen. Häufig stoppten sie die Fahrzeuge, um den ausgemergelten Männern Blumen und Lebensmittel zu überreichen.

In Friedland wurden die Heimkehrer zunächst vom Deutschen Roten Kreuz betreut und dann – oft unter Beteiligung politischer Prominenz – offiziell begrüßt. Immer wieder spielten sich im Durchgangslager ergreifende Szenen ab, wenn die Angehörigen ihre Männer, Väter und Brüder in die Arme schließen konnten. Nicht minder anrührend waren die Momente, in denen Frauen Schilder mit den Namen ihrer vermissten Männer hochhielten und grausam enttäuscht wurden.

Wenn die aus Nordhessen stammenden Männer in ihre Heimatorte fuhren, gab es meist noch einmal einen „großen Bahnhof". So säumten die Bürger Oberkaufungens zu Hunderten die Straßen und Plätze, als der Russland-Heimkehrer Bernhard Batz mit seiner Frau und seinen beiden Kindern in einem Pkw in den Ortskern gefahren wurde. Dort hießen ihn, während die Glocken der Stiftskirche läuteten, Bürgermeister Roß und Pfarrer Burghard herzlich willkommen.

Wiedersehen im Lager Friedland nach langen Jahren Kriegsgefangenschaft.

Vielen schmeckte die documenta nicht

Kunstausstellung wurde ein Welterfolg

„Kunstwerke sollen das sein, was auf der Ausstellung in Kassel gezeigt worden ist? Wenn Insassen eines Irrenhauses solche Werke schaffen, kann ich das verstehen. Erstaunlich, dass sich die Menschheit so zum Narren halten lässt. Früher brauchte man für die Herstellung von Schrott keine Künstler" – solche und ähnliche Zuschriften gingen nicht nur bei den Kasseler Zeitungen ein, als Professor Arnold Bode 1955 die erste documenta in Kassel initiierte. Auch die folgende Kunstausstellung im Jahre 1959 war Zielscheibe bitter-böser Leserbriefe, die ganz im Gegensatz zum überaus positiven Echo der internationalen Kunstwelt standen.

Bundespräsident Theodor Heuss auf der ersten documenta 1955 zusammen mit Arnold Bode (links) vor einem Picasso-Gemälde.

Aus heutiger Sicht vermag man die damaligen Proteste kaum nachzuvollziehen. Weiß man doch, wie wichtig die documenten für die moderne Kunst – und für Kassel als Image-Kapital – mittlerweile geworden sind. Zuschriften, in denen das Märchen von des „Kaisers neue Kleider" als Parabel für das Nichtvorhandensein „wirklicher Kunst" bemüht wurde, waren da ja noch harmlos. Meist ging es richtig zur Sache, wie etwa in dem Brief eines documenta-Besuchers aus München: „...Für was halten uns eigentlich diese Kunstdilettanten? Glauben sie denn wirklich, dass ein gewöhnlicher Sterblicher so etwas Idiotisches als Kunst bezeichnet?"

Ein anderer Leser regte sich über die „maßlose Überschätzung der abstrakten Kunstrichtungen" auf. Die Hauptschuld daran liege bei den Kunstkritikern, „die jeden verkrampften Unfug in ebenso schwülstigen wie langweiligen Abhandlungen und Feuilletons" aufbauschten. Der gute

Mann äußerte gar den Verdacht, dass die Feuilleton-Redakteure ihren Kunstberichterstattern strikt verboten hätten, über die „gegenständliche Kunst" zu schreiben.

Aus Düsseldorf äußerte sich ein Maler zu der Frage, ob die moderne Kunst nur Bluff sei, solchermaßen: „Unlängst brachte ich einem Kritiker, der mich als ‚Impressionisten mit modernem Aufguss' bezeichnet hatte, zehn Aquarelle. Endlich fand ich seinen Beifall. Nachher ging ich heim und weinte bitterlich", denn die zehn Aquarelle waren so entstanden: „Ich hatte Wasser in den Aquarellkasten geschüttet und meinen fünf Jahre alten Buben die zehn Blätter malen lassen. Jetzt weiß ich: Auch moderne Kritiker leben vom Bluff."

Bode hatte die zündende Idee

Planer und Wegbereiter der documenta war Professor Arnold Bode, der am 23. Dezember 1900 in Kassel geboren worden war. In einem künstlerischen Nebenzweig war er Maler, im Hauptzweig aber Ausstellungsmacher, Ideengeber und Inszenator. Bereits in den zwanziger Jahren hatte Bode an Kunstausstellungen in der Kasseler Orangerie mitgewirkt, bei denen die gesamte deutsche Moderne zu Gast war. Auf die dabei gewonnenen Erfahrungen konnte er zurückgreifen, als er Anfang der fünfziger Jahre die Idee entwickelte, eine internationale Kunstschau zu veranstalten.

Wenn heute jemand mit moderner Kunst nichts anzufangen weiß, äußert er das meist nur noch im privaten Kreis. Die Kasseler documenta hat sich jedenfalls als die weltweit wichtigste Ausstellung moderner Kunst etabliert. Sie gehört zur festen Adresse im internationalen Ausstellungskalender. Schon die am 16. Juli 1955 eröffnete erste documenta hatte Künstler, Macher und Besucher gleichermaßen begeistert. Eigentlich zunächst nur als kulturelle Ergänzung zur Bundesgartenschau geplant, trat sie aus dem Schatten des gärtnerischen Großereignisses heraus und entwickelte in ihren Nachfolge-Veranstaltungen eine stabile Eigendynamik.

Presse voll des Lobes

Die documenta 1 bot – erstmals seit der Zwangspause durch die NS-Zeit – in Deutschland wieder einen Überblick über die Kunst des 20. Jahrhunderts. In den Räumen der provisorisch hergerichteten Ruine des Fridericianums fanden neben Werken von Pablo Picasso, Paul Klee und Marc Chagall die Plastiken von Henry Moore, Max Bill und Karl Hartung besondere Beachtung. Sie wurden mit einer raffinierten Inszenierungstechnik und Lichtregie präsentiert. Die in- und ausländische Presse war voll des Lobes über die Kasseler Ausstellung. So schrieb der international bekannte Kunstexperte Prof. Hans Curjel damals in der „Schweizer Weltwoche", man stehe vor einem „kleinen Wunder", und er meinte damit die Idee, die Organisation und die Finanzierung des Kunst-Events.

Zur ersten documenta kamen knapp 135 000 Besucher, bei der d 3 und der d 4 waren es bereits jeweils über 200 000. Die dritte documenta 1964 brachte übrigens den endgültigen Durchbruch für die Kunstschau, die in jenem Jahr in ihrer Bedeutung sogar die Biennale von Venedig überrundete.

Leidings dicker Fisch für Baunatal

Standort des zweitgrößten Volkswagenwerks in Deutschland

Wie verhält sich normalerweise eine Stadt, auf deren Gebiet ein Großunternehmen ein neues Zweigwerk bauen will? Sie setzt Himmel und Hölle in Bewegung, damit ein solches Projekt mit der Aussicht auf fette Steuereinnahmen auch Realität wird. Auch wird sie es tunlichst vermeiden, die Verhandlungen durch bürokratische Einwände zu verzögern. Doch genau das tat die Stadt Kassel, als das Wolfsburger Volkswagenwerk in der Person von Rudolf Leiding vorsprach, um die Hallen der früheren Henschel-Flugzeugwerke in Waldau zu kaufen. Der VW-Mann hatte keine Zeit zu verschenken, zumal er selbst das Zweigwerk aufbauen sollte. Kurzerhand entschied er sich im Einvernehmen mit seinem Chef Heinrich Nordhoff für das benachbarte Altenbauna als Standort, kam schnell zum Vertragsabschluss und legte damit den Grundstein für die heute zweitgrößte Produktionsstätte des VW-Konzerns in Deutschland.

Rudolf Leiding als Chef-Sanierer

Der gelernte Kfz-Mechaniker Rudolf Leiding – er starb am 3. September 2003, einen Tag vor seinem 89. Geburtstag – hatte einen entscheidenden Anteil an der Entwicklung des VW-Konzerns. Und er hatte alle Qualitäten eines Chef-Sanierers. Nach erfolgreichen Aufbaujahren für das VW-Zweigwerk in Baunatal beorderte ihn die Konzernleitung als Geschäftsführer zur VW-Tochter Auto Union nach Ingolstadt, die kurz vor der Pleite stand. Dort entwickelte Leiding den Audi 100, der zum Verkaufsschlager wurde und das Unternehmen rettete. Danach als VW-Chef in Brasilien eingesetzt, steigerte er dort die Produktion in nur drei Jahren um über 50 Prozent. Und als es auch in der Wolfsburger Muttergesellschaft kriselte, übernahm der Manager 1971 den Vorstandsvorsitz und lenkte den Konzern wieder zurück in die Erfolgsspur.

Auch bei Altenbauna befand sich ein Gelände von Henschel, auf dem früher Flugzeugmotoren hergestellt worden waren. Dieses Areal kaufte Wolfsburg mit Wirkung zum 1. November 1957 für 6,5 Millionen Mark, um dort die zentrale Ersatzteilbeschaffung aufzuziehen. Die Aggregate-Aufbereitung begann am 1. Juli 1958 noch in den alten Henschel-Hallen. Rund 800 Mitarbeiter gehörten damals zur Belegschaft, heute sind es rund 15 000. Ein Jahr später wurde der Bau der ersten neuen Montagehalle in Angriff genommen. Unter der zielstrebigen Führung Rudolf Leidings entwickelte sich der nordhessische Standort zum Getriebe-Leitwerk des VW-Konzerns. Leiding war bis 1965 Chef des „Volkswagenwerks Kassel“, wie es von Anfang an hieß.

Unterstützung durch die Politik

Bei seiner Standort-Entscheidung für Altenbauna hatte Rudolf Leiding das Glück gehabt, dass ihn die Politik nachhaltig unterstützte. Die ohnehin nicht berauschende wirtschaftliche Lage in Nordhessen war 1957 durch eine Krise bei der Kasseler Traditionsfirma Henschel & Sohn, die nach dem Krieg wieder Lokomotiven und Lastkraftwagen herstellte, noch verschärft worden. Hessens Ministerpräsident Georg-August Zinn wies seinen Finanzminister Wilhelm Conrad an, sich in der Industrie umzuhören, wie der kränkelnden Region durch die Ansiedlung eines Großbetriebes geholfen werden könnte. Da traf es sich gut, dass Leiding für VW ebenfalls auf Erkundung aus war. Zwangsläufig kam ein Kontakt zwischen den beiden Männern zustande. Mit im Boot saß der Landrat des Kreises Kassel, Josef Köcher, der kräftig beim Zustandekommen des Deals zugunsten Altenbaunas mitwirkte.

Die Stadt Kassel jedoch guckte in die Röhre: Sie hatte es versäumt, rechtzeitig auf den fahrenden Zug zu springen. Mit Blick auf die neue sprudelnde Steuerquelle machte sie sich später für die Eingemeindung Altenbaunas stark, blitzte aber bei Köcher ab: Für den Landkreis sei VW vor allem auch als Arbeitgeber ein Segen, beschied er die Herren im Kasseler Rathaus. Und um die Begehrlichkeiten der Fulda-Stadt ein für allemal abzuschotten, bewirkte der quirlige Landrat 1964 den Zusammenschluss der drei Gemeinden Altenbauna, Altenritte und Kirchbauna zur Großgemeinde Baunatal.

Arbeitsmarkt wurde leergefegt

„Nordhessens Zukunft hat begonnen", titelten Ende der fünfziger Jahre die „Hessischen Nachrichten". Und in der Tat ging es nun in der Region wirtschaftlich steil bergauf. Neue mittelständische Firmen traten als Zulieferer für VW auf und stellten den Aufschwung auf eine breite Basis. Der Arbeitsmarkt wurde förmlich leergefegt. Wurden 1957 in Nordhessen noch 47 000 Personen ohne Jobs gezählt, tendierte die Erwerbslosigkeit in den folgenden Jahren gegen Null. Dass all dies letztlich Rudolf Leiding zu verdanken ist, haben ihm die Menschen in der Region nicht vergessen. In Baunatal-Altenritte ist an der Zufahrt zum VW-Werk ein Platz nach ihm benannt.

Das VW-Werk mit dem markanten Schriftzug ist schon von weitem aus von der Autobahn aus zu sehen.

Ein umstrittener Theaterneubau

Eröffnung des neuen Staatstheaters 1959

Das war ein großer Tag für Kassels Theaterfreunde! Am12. September 1959 wurde das neue Staatstheater feierlich eröffnet: Limousinen mit Ehrengästen fuhren vor, Pagen in Livree öffneten die Wagentüren und drinnen im Vestibül standen die Sektgläser bereit. Es war eine glanzvolle Veranstaltung in dem neuen Haus an der südöstlichen Seite des Friedrichsplatzes, die freilich so manchen alten Kasselaner bei der Erinnerung an den geliebten Theater-Vorgängerbau an fast gleicher Stelle auch mit Wehmut erfüllte.

Zu den Honoratioren, die sich beim Festakt die Ehre gaben, zählten Hessens Ministerpräsident Georg August Zinn und Oberbürgermeister Lauritz Lauritzen. Während sie das Ereignis mit wohlgesetzten Worten würdigten, beeindruckte Intendant Hermann Schaffner mit einem Rückblick in die Zeit seiner russischen Kriegsgefangenschaft. Gemeinsam mit gefangenen Schauspielern hatte er eine Lagerbühne gegründet, auf der regelmäßig gespielt wurde. Schaffner: „Damals zeigte die Resonanz der Leidensgefährten noch einmal, welche belebenden Kräfte selbst ein improvisiertes Komödiantenspiel auszulösen vermag." Als Eröffnungsvorstellung wurde die Oper „Prometheus" von Rudolf Wagner-Régeny gegeben.

50 Jahre früher, am 26. August 1909, war es Albert Lortzings „Undine" gewesen, mit der in Anwesenheit Kaiser Wilhelm II. das „Preußische Staatstheater" eröffnet worden war. Der neobarocke Bau stand an der Längsachse des Friedrichsplatzes und schloss diesen mittig zur Karlsaue ab. Die Kasseler liebten ihr Theater, das damals über eine der größten Bühnen Deutschlands verfügte. Beim verheerenden Luftangriff vom 22. auf den 23. Oktober 1943 wurde es schwer beschädigt und konnte nicht mehr genutzt werden. Nach dem Krieg wurde die Stadthalle für viele Jahre das provisorische Domizil des Staatstheater-Ensembles.

Auch ideologische Gründe

Mit der Währungsreform von 1948 begann allmählich auch in Nordhessen der wirtschaftliche Aufschwung, und nun wollten die Kasseler auch wieder ein richtiges Theater bekommen. 1951 setzte eine hitzige Debatte darüber ein, ob das Wilhelminische Haus wiederaufgebaut oder durch einen Neubau ersetzt werden sollte. Dabei ging es vor allem um die alte Frage: Historismus oder Moderne, Tradition oder Neuanfang. In der Politik gab es schon aus ideologischen Gründen eine starke Tendenz, von einem Wiederaufbau des alten Theaters abzusehen.

Kasseler Bürger gründeten einen Aufbauverein, der Geld für das künftige Theater sammelte und zur Eile bei der Umsetzung des Projekts mahnte: „Wirklich, Kassel steht schon fast am Ende der Schlange", hieß es in einem Aufruf an die Öffentlichkeit. Nach einem Dutzend von Städten hätten inzwischen auch Mainz und selbst das kleine Gießen ihre neu entstandenen Theater eingeweiht. Nun startete man in Kassel eine Wiederaufbaulotterie. Sie fand ein ungeahnt starkes Interesse, weil es dank großzügiger Spenden aus der Wirtschaft und dem Einzelhandel viel zu gewinnen gab. Am Ende brachte die Theater-Tombola einen Gewinn von 230 000 Mark.

Beispiel Alte Oper in Frankfurt

1952 fiel die Entscheidung der politischen Gremien: Es sollte ein neues Haus, seitlich verschwenkt entstehen, das alte abgerissen werden. Daraufhin hagelte es massive Proteste von Kasseler Bürgern, die für die Wiederherstellung des Wilhelminischen Baus votierten. Die hessische Landesregierung machte demgegenüber geltend, dass dafür die Zerstörungen von Gebäude und Bühnentechnik zu groß seien. Auch hätten die Fundamente durch die Bombentreffer irreparable Schäden davongetragen. Heute weiß man freilich, dass die Ruine durchaus noch hätte gerettet werden können, so wie es beispielsweise mit der Alten Oper in Frankfurt am Main gelang.

Nach einem von Wiesbaden ausgeschriebenen Ideenwettbewerb für den Neubau entschied sich das Preisgericht für den gemeinsamen Entwurf des Berliner Architekten Prof. Hans Scharoun und des Kasseler Professors an der Werkakademie, Hermann Mattern. Am 15. Oktober 1954 wurde feierlich der Grundstein gelegt, die Hoch- und Tiefbauexperten machten sich an die Arbeit. Aber schon zwei Monate später stoppte die Landesregierung die Arbeiten, weil man beim Ausschachten auf alte Wälle und Kasematten gestoßen war. Sie warf Scharoun und Mattern mangelnde Sorgfalt bei den Probebohrungen vor, verwarf deren Baupläne und gab 1955 einem Entwurf des Kasseler Architekten Paul Bode den Vorzug.

Das neue Staatstheater mit Vorplatz kurze Zeit nach der Einweihung.

Wehmütiger Abschied von der Herkulesbahn

Letzte Fahrt am 11. April 1966

Bis in die Dämmerung hinein waren wir auf unseren hölzernen Skiern, deren Bindungen Abfahrt und Langlauf gleichermaßen erlaubten, über die tief verschneiten Höhen des Habichtswalds gezogen. Es war ein Sonntag in den fünfziger Jahren. Am Kleinen und am Großen Herbsthaus rauschten wir – noch mit Stemmbogen-Technik – die Hänge herunter. Dann stand eine schweißtreibende Ski-Wanderung bis zu den Elfbuchen an, wo es heißen Tee und eine zünftige Brotzeit gab. Glockengeläut von unten aus der Stadt begleitete uns, als wir gegen Abend auf dem Kamm des Habichtswalds unsere Ski-Spitzen zum steinernen Mann mit der Keule lenkten, wo am rückwärtigen Hang am Häuschen der Endstation die vertraute Herkulesbahn auf uns wartete.

Mit mäßiger Geschwindigkeit rumpelte sie entlang der Druseltalstraße talwärts. Bei jedem Schlingern des Wagens klapperten die draußen auf der Plattform abgestellten Skier gegeneinander, und drinnen im meist proppevollen Fahrgastraum dampfte die Luft vom tauenden Schnee, der sich in großen Pfützen auf dem Fußboden sammelte. Im Mittelgang standen die Mädel und Jungen dicht an dicht mit der Folge, dass es in den Kurven zu einem kollektiven Schwanken mit Körperkontakt kam. Kaum jemand gab sich Mühe, dem zu entgehen – es gehörte einfach mit zum einzigartigen Vergnügen einer Fahrt mit der Herkulesbahn.

Kasselern ans Herz gewachsen

In den über sechs Jahrzehnten ihres Bestehens war sie den Kasselanern eng ans Herz gewachsen. Doch am 11. April 1966 schlug ihr letztes Stündlein, fuhr sie zum letzten Mal mit Fahrgästen hinauf zum Herkules. Die Druseltalstraße musste wegen des zunehmenden Autoverkehrs und auch, weil sie für die Panzer der Bundeswehr passierbar werden sollte, verbreitert werden. Dazu war der Abbau des Gleisbetts der Herkulesbahn unvermeidlich. Proteste aus der Bevölkerung gegen ihre Stilllegung blieben erfolglos.

Es wurde eine wehmütige Abschiedsfahrt an diesem kühlen April-Tag. Dazu hatte man zwei Wagen mit Blumen, Tannengrün und Weidenkätzchen geschmückt. Sie waren bis auf den letzten Platz besetzt. Dann setzte sich die Linie 13 zum allerletzten Mal ab Luisenhaus in Bewegung, begleitet vom Winken der Spaziergänger und Wanderer entlang der Strecke bis hinauf zum Herkules. Am Morgen hatten sich die Angestellten der Herkulesbahn in der Gaststätte „Neu-Holland" eingefunden, um dort bei einem guten Schluck das Ereignis auf ihre Weise zu begehen. Die Stimmung war aber, wie man danach hörte, alles andere als fröhlich, sondern sehr gedrückt, denn auch das Personal liebte seine „gute, alte Bergbahn".

Anfangs nur Kohle-Transporte

Ihre Jungfernfahrt mit Fahrgästen hatte die Herkulesbahn am 27. April 1903 unternommen. Zwei Triebwagen, ein offener und ein geschlossener, starteten vom Palmenbad an der Hunrodstraße aus in Richtung Herkules. Die Bergbahn war von Gustav Henkel (1851–1941) gebaut worden und hatte seit 1902 Braunkohle aus dem Habichtswald zu Tal befördert. Das Projekt war zunächst Zielscheibe spöttischer Kritik gewesen: „Wie will wohl dieser verrückte Henkel ohne

Zahnrad mit einer Bahn zum Herkules fahren?" Freilich hatte man es in Deutschland bislang noch nicht gewagt, derartige Steigungen ohne Zahnrad zu überwinden. Doch Henkel bewies, dass das technisch machbar war, und er erhielt 1903 die Erlaubnis, auch Personenwagen einzusetzen.

Erweiterung bis zum Hohen Gras

Eigentlich sollte die Bahnstrecke bis zum Herkules-Oktogon führen, doch das verhinderte das preußische Oberhofmarschallsamt, weil es eine Störung der kaiserlichen Familie während ihres jährlichen Sommeraufenthalts im Schloss Wilhelmshöhe befürchtete. Daraufhin ließ man die Bahnstrecke am rückwärtigen Hang des Herkules enden, und, ebenfalls mit Rücksicht auf die Majestäten, das Wartehäuschen mit Bäumen umpflanzen. 1909 wurden die Gleisanlagen der Herkulesbahn bis zum Kirchweg erweitert, 1911 bis zum Brasselsberg und 1918 sogar bis zum Hohen Gras.

Die gute alte Herkulesbahn, hier unterwegs im Druseltal.

Trendsetter der Solarbranche

Ein Trio gründete nach dem Studium die SMA

Als junge Männer hatten sie sich an der damaligen Gesamthochschule (GhK) Kassel kennen gelernt. Es einte sie die Leidenschaft für das Elektronik-Studium: Günther Cramer, Peter Drews und Reiner Wettlaufer. Sie lernten mit Feuereifer, ließen sich durch nichts ablenken und absolvierten ihr Studium mit Bestnoten. Danach waren sie einige Jahre als wissenschaftliche Mitarbeiter bei Professor Werner Kleinkauf tätig, bis sie 1981 den Schritt in die Selbstständigkeit wagten: Nach dem selbst gewählten Motto „Seien wir Realisten und versuchen das Unmögliche" gründeten sie mit Unterstützung der Universität Kassel die „System-, Mess- und Anlagentechnik Regelsysteme GmbH", kurz SMA.

Gemeinsam mit nur einer Handvoll Ingenieuren und Technikern entwickelte und produzierte das Trio intelligente, computergesteuerte Regelungssysteme für die dezentrale Energieversorgung. Der Umsatz betrug im ersten Jahr 350 000 Mark. 1988 zählte das prosperierende Unternehmen in Niestetal bei Kassel bereits 50 Mitarbeiter. Im Mittelpunkt stand die ständige Weiterentwicklung von Wechselrichtern, die den Gleichstrom von Fotovoltaik-Anlagen (Sonnenenergie) in Wechselstrom umwandeln. Und es ging weiter steil bergauf. Im Jahr 2005 wurde die 1000-Mitarbeiter-Marke geknackt.

„Spaß an der Arbeit"

Ein wesentlicher Grund für den kometenhaften Aufstieg der SMA war die Firmenphilosophie der drei Unternehmensgründer: Sie postulierten den „Spaß an der Arbeit" und legten Fairness, Vertrauen, Partnerschaft und gegenseitigen Respekt als die wesentlichen Eckpunkte der Unternehmenskultur fest. Von Beginn an wurde die Belegschaft an Informations- und Entscheidungsprozessen beteiligt und ermutigt, eigenverantwortlich zu handeln. Die Mitarbeiter zogen begeistert mit, was sich auch in den Produktionsergebnissen niederschlug. Schon nach wenigen Jahren stieg das Niestetaler Unternehmen zum Weltmarktführer bei der Herstellung von Wechselrichtern auf.

Energieversorgung entlegener Gebiete

Seit ihrem Bestehen hat die SMA Solar Technology eine Vielzahl preisgekrönter Produkte hervorgebracht. Dezentrale Versorgungsanlagen, an deren Bau die Experten aus Nordhessen beteiligt waren, finden sich auf der ganzen Welt. Diese modulare Energietechnik gilt heute als eine der Schlüsseltechnologien für eine umweltverträgliche und nachhaltige Energieversorgung. Sie ist vor allem auch zur Versorgung entlegener, netzferner Gebiete geeignet. So sorgt SMA-Steuertechnik dafür, dass auf griechischen Inseln, in der malaysischen Inselwelt oder in abgelegenen Regionen Australiens und Chinas die Stromversorgung funktioniert. Um immer auf der Höhe der Zeit zu bleiben, arbeiten über 300 Entwickler und Ingenieure ständig an der Erforschung und Optimierung neuer Technologien.

Niederlassungen in 21 Ländern

Im Jahre 2008 ging das Unternehmen, das nun als SMA Solar Technology AG firmierte, an die Börse. Die Mitarbeiter profitieren nicht nur von Dividenden, sondern erhalten auch Bonuszahlungen, die sich am Unternehmenserfolg orientieren. 2008 erreichte die SMA – mit elf Niederlassungen auf vier Kontinenten – einen Umsatz von 680 Millionen Euro. Zwei Jahre später zählte die Belegschaft über 5000 Köpfe. Heute ist das Unternehmen (Umsatz 2011: 1,676 Milliarden Euro) mit Niederlassungen in insgesamt 21 Ländern vertreten.

Eine der neuesten Produktionshallen von SMA.

Erst mal zum Einkaufen in die Stadt

Massenansturm auf Kassel nach Grenzöffnung

Mit steigender Spannung und Anteilnahme hatten wir im Sommer 1989 in den Medien verfolgt, wie zehntausende von DDR-Bürgern versuchten, über Ungarn und die Tschechoslowakei in den Westen zu flüchten. Vielen gelang das vor allem an der ungarisch-österreichischen Grenze. Dramatisch entwickelte sich die Situation in der Bonner Botschaft in Prag, wo Ostdeutsche seit dem August in steigender Zahl Zuflucht suchten. Wohl noch nie seit dem Volksaufstand vom 17. Juni 1953 in der DDR empfanden wir ein so starkes Gefühl der Solidarität mit den Menschen jenseits der Zonengrenze wie in jenen Wochen.

Am 12. September trafen in 13 Bussen fast 500 DDR-Flüchtlinge in Fuldatal-Ihringshausen ein, wo sie in der Kaserne des Bundesgrenzschutzes für die nächsten Tage ein Zuhause fanden. Sie besaßen praktisch nichts als das, was sie auf dem Leibe trugen.

Das Ereignis war eine Sensation für Kassel, und jeder wusste, jetzt musste geholfen werden. Und das taten viele. Auch wir waren nicht zu halten, mussten unbedingt rüber zur BGS-Kaserne, um unsere Solidarität tatkräftig unter Beweis zu stellen. Wir, das war eine Gruppe miteinander befreundeter Nachbarn im Stadtteil Harleshausen, die ansonsten im Wechsel zu regelmäßigen kleinen Feten zusammenkamen. Am Samstag nach dem 12. September startete ein Auto-Konvoi in Richtung Ihringshausen, schnell kam der Kontakt mit den Flüchtlingen zustande, man suchte sich „seine" Familie aus, und ab ging die Fahrt in die Kasseler Innenstadt zum Einkaufen.

Bei uns an Bord war eine Mutter mit zwei kleinen Mädchen. Der Vater war in der DDR zurückgeblieben. Wir schraubten uns in die Hochgarage eines großen Kaufhauses hinauf und stürzten uns ins Kundengewühl. Ziemlich hilf- und ratlos stand die junge Mutter dem für sie ungewohnten großen Warenangebot gegenüber. Wir mussten sie förmlich von Tisch zu Tisch ziehen und ermuntern, auch zuzugreifen. Die Mädchen benötigten neue Schuhe, kein Problem. Dann lachten uns bunte Kinderpullover, Spielsachen und Süßigkeiten an. Trotz Protests der Mutter kamen sie ebenso in die Einkaufstüten wie einige Kosmetika. Wir bezahlten, kamen uns wie verfrühte Weihnachtsmänner vor, und alle waren rundum zufrieden.

Glücksgefühl pur dann zwei Wochen später, als Bundesaußenminister Hans Dietrich Genscher am Abend des 30. September in der Bonner Botschaft in Prag vor 4000 dort ausharrenden Ostdeutschen den mittlerweile berühmten Satz sagte: „Liebe Landsleute, wir sind zu Ihnen gekommen, um Ihnen mitzuteilen, dass heute Ihre Ausreise ..." und seine weiteren Worte im aufbrandenden Jubel untergingen. Wir begannen zu spüren, dass die Tage der Ostberliner Hardliner gezählt waren, und ganz Mutige holten eine schon fast vergessene Vision wieder aus der Schublade hervor: die von der Wiedervereinigung.

Anfangs ungläubiges Staunen

Dann kam jener historische 9. November 1989, als am frühen Abend das SED-Politbüromitglied Günter Schabowski in Ostberlin verkündete: „Mir ist eben mitgeteilt worden, der Ministerrat der DDR hat beschlossen: Privatreisen nach dem Ausland können ohne Vorliegen von Voraussetzungen – Reiseanlässe und Verwandtschaftsverhältnisse – beantragt werden. Die Genehmigungen werden kurzfristig erteilt." In der Nachrichtenredaktion der Kasseler „Hessischen / Niedersächsichen Allgemeinen" löste diese über den Ticker kommende Nachricht in den ersten Minuten ungläubiges Staunen aus, bis es ein Kollege auf den Punkt brachte: „Das bedeutet die Öffnung der DDR-Grenze."

City war schwarz von Menschen

Am darauffolgenden Tag strömten die DDR-Bürger in Scharen in den Westen, vor allem über der gesamten B 7 lag der typische Abgas-„duft" der Trabis. Doch die Hessen nahmen es gelassen, winkten vielmehr begeistert den Thüringern zu, erwiderten ihre freudigen Hupkonzerte, und in so mancher Dorfkneipe wurde der erste deutsch-deutsche Schoppen zur Brust genommen. Die Landkreisgemeinden richteten für den 11. und 12. November einen Wochenend-Betreuungsdienst ein, um für die DDR-Bürger ansprechbar zu sein und ihnen das Begrüßungsgeld von 100 Mark auszuzahlen.

Auch die Stadt Kassel bereitete sich auf den erwarteten Massenansturm am Wochenende vor. Doch was dann kam, übertraf noch alle Erwartungen. Die City war schwarz von Menschen, in der Königsstraße fühlte man sich wie in einem dicht besetzten Fußballstadion, keine Straßenbahn kam mehr durch. In mehreren, eilig eingerichteten Betreuungsstellen wurden das Begrüßungsgeld ausgezahlt und kostenlose Übernachtungsmöglichkeiten vermittelt. Auch die Kasseler hielt es jetzt nicht mehr in ihren Wohnungen, so dass am Ende mehrere zehntausend Menschen in der Innenstadt ein deutsch-deutsches Freudenfest feierten.

Am ersten Wochenende nach der DDR-Grenzöffnung war die Kasseler City schwarz von Menschen – hier der Blick vom Rathaus aus in die Königsstraße.

Chronik

723 *Bonifatius fällt Donareiche*

Der angelsächsische Missionar Bonifatius fällt unweit des fränkischen Kastells Büraberg bei Geismar die Donareiche, ohne dass der von den Chatten befürchtete strafende Blitz vom Himmel fällt. Sie war dem germanischen Gott Donar geweiht. Daraufhin kommt es zu einer Massentaufe der Bevölkerung. Bonifatius gründet das Kloster Fritzlar.

811 *Grundstück in „Vulvisanger"*

Eine von Kaiser Karl dem Großen unterzeichnete Pergament-Urkunde spricht dem Sachsen Benuit ein Grundstück in der Mark von Vulvisanger (=Wolfsanger – Kasseler Stadtteil seit 1936) zu. Funde von Gebrauchsgegenständen aus vergangenen Epochen bis in die Jungsteinzeit deuten darauf hin, dass der nordhessische Raum schon in frühgeschichtlicher Zeit (5000 bis 2000 Jahre v. Ch.) besiedelt war.

913 *Königshof „Chassella"*

Kassel wird in zwei Dokumenten erstmals urkundlich erwähnt, die Frankenkönig Konrad I. am 18. Februar in dem befestigten Königshof „Chassella" unterzeichnet.

1017 *Klostergründung in Kaufungen*

Kunigunde, die Gemahlin Kaiser Heinrich II., gründet in Kaufungen ein Benediktinerinnen-Kloster, in das sie 1025 selber als Nonne eintritt. Im Jahr 1200 spricht Papst Innozenz III. Kunigunde heilig.

Im Besitz der hessischen Ritterschaft

Im 13. Jahrhundert wurde das Kaufunger Kloster in ein Kanonissenstift umgewandelt, eine lockere Form klösterlicher Gemeinschaft von Frauen, die auch eigenen Besitz haben durften. Die Zugangsberechtigung beschränkte man auf Adelige. Nach der Reformation in Hessen überließ Landgraf Philipp der Großmütige das Stift 1532 der hessischen Ritterschaft, die aus den Einkünften unter anderem bedürftige Adelstöchter unterstützte.

1277 *Kassel wird Residenzstadt*

Unter Landgraf Heinrich I. beginnt die Geschichte Hessens, das bis 1265 Teil der Landgrafschaft Thüringen war, als selbstständige politische Einheit. Kassel wird 1277 Residenzstadt. Die Mutter Heinrichs, Sophie, war eine Tochter der heiligen Elisabeth, die in der Marburger Elisabethkirche beigesetzt ist.

1526 *Einführung der Reformation*

Landgraf Philipp der Großmütige, der schon frühzeitig die religiöse Erneuerungsbewegung Martin Luthers unterstützt, ordnet die Einführung der Reformation in seinem Land ein. Die Entscheidung dazu fällt auf der Homberger Synode vom 21. bis 26. Oktober. Danach werden überall die Stifts- und Klostergüter aufgelöst. Einen Großteil der gewonnenen Einkünfte verwendet Philipp für eine Reform des Schulwesens und der Armenfürsorge sowie für den Bau von Hospitälern.

1633 *Kroaten-Einfall*

Während des Dreißigjährigen Krieg fallen 1636 kroatische Truppen in Niederhessen ein, brennen 18 Städte und 100 Dörfer nieder und begehen unvorstellbare Gräueltaten.

Nur die Hälfte überlebte

Im Dreißigjährigen Krieg (1618–1648) gehörte die Landgrafschaft Hessen-Kassel der Protestantischen Union an, ihre Truppen kämpften unter dem Oberbefehl des Schwe-

den-Königs Gustav Adolf. Kassel wurde dank seiner starken Festungsanlagen niemals erobert, musste aber die Schrecken der Pest mit 1440 Toten erdulden. Am Ende des Krieges waren weite Landstriche Nordhessens entvölkert, die Hälfte der Einwohner ausgelöscht.

1677 *Karl – der bedeutendste Landgraf*

Als wohl größte Herrschergestalt Hessens erweist sich Landgraf Karl. Neben der Politik schlägt sich das auch in seiner Baulust nieder: In Karls Regierungszeit von 1677 bis 1730 entstehen unter anderem die Karlsaue mit der Orangerie und der Wilhelmshöher Bergpark mit Herkules und Kaskaden. Nach 1685 nimmt der Landgraf Glaubensflüchtlinge aus Frankreich, die Hugenotten, als Siedler auf. In Kassel entsteht für sie mit der Oberneustadt ein eigenes Wohnquartier.

1748 *Gemäldegalerie Kassel*

Landgraf Wilhelm VIII. legt den Grundstock für die Kasseler Gemäldegalerie Alte Meister, die sich heute im Schloss Wilhelmshöhe befindet. Die intensivste Sammeltätigkeit von Werken der holländisch-flämischen Schule lag zwischen 1748 und 1756. Die Sammlung umfasst neben Gemälden von Rembrandt, Rubens, van Dyck und Hals auch Arbeiten anderer berühmter Maler wie Tizian, Cranach d. Ä. Und Dürer.

Erbprinz wurde König Schwedens

Wilhelm VIII., der als Prinz und sechster Sohn Landgraf Karls in Holland militärisch und politisch Karriere gemacht hatte, war eher widerwillig nach Kassel zurückgekehrt, um sich auf seine Zeit als künftiger Landesherr vorzubereiten. Eigentlich hätte Erbprinz Friedrich Landgraf werden sollen, aber der erlangte 1720 durch Heirat die schwedische Königskrone. So übernahm Wilhelm nach dem Tod seines Vaters 1730 zunächst als Regent seines Bruders die Verwaltung der Landgrafschaft. Als 1751 Friedrich kinderlos starb, trat Wilhelm VIII. auch offiziell die Nachfolge als Landgraf an.

1762 *Schlacht bei Wilhelmsthal*

Im Siebenjährigen Krieg schlägt am 24. Juni eine Koalitionsarmee aus Hessen, Hannoveranern, Braunschweigern und Engländern die Franzosen in der Schlacht bei Wilhelmsthal. Sie führt zum endgültigen Abzug der französischen Truppen, die in den vorangegangenen Jahren die Landgrafschaft mehrfach besetzt hatten.

1807 *„König Lustik“ regiert*

Der französische Kaiser Napoleon I. macht Kassel zur Hauptstadt eines neu geschaffenen Königreichs Westfalen unter Jérôme, seinem jüngsten Bruder. 1809 scheitert der „Dörnbergsche Aufstand“ gegen die Franzosen. Nach der Völkerschlacht von Leipzig 1813 bricht jedoch das Napoleonische Machtsystem zusammen. Jérôme, von der Bevölkerung wegen seines verschwenderischen Lebenswandels „König Lustik“ genannt, muss noch im selben Jahr Kassel fluchtartig verlassen.

1839 *Apotheke als Keimzelle*

Julius Wilhelm Braun erwirbt die Melsunger Rosen-Apotheke, sammelt heimische Heilpflanzen und beginnt mit dem Versand an Drogeriegroßhandlungen. 1864 wird der Apothekerbetrieb um den überregionalen Handel mit chemisch-pharmazeutischen Produkten erweitert – aus diesen Anfängen entwickelt sich das Pharma- und Medizinbedarfsunternehmen „B. Braun Melsungen“, das heute eine Firma von Weltgeltung ist.

1848 *Erste Henschel-Lok „Drache"*

Die erste von der Maschinenfabrik Henschel produzierte Lokomotive, der „Drache", wird ausgeliefert. Im selben Jahr wird die Eisenbahnlinie Karlshafen–Kassel–Gerstungen eröffnet.

Glocken, Öfen und Kanonen

Im Jahre 1810 gründete Carl Anton Henschel, einer aufstrebenden Handwerkerfamilie entstammend, in Kassel eine Maschinenfabrik. Sie produzierte zunächst Glocken, Öfen und Kanonen. Henschel reizte jedoch in erster Linie der Bau der neuartigen „Dampfwagen". Später entwickelte sich das Unternehmen bis in die Neuzeit zu einem der international bedeutendsten Hersteller von Lokomotiven, Lastkraftwagen, Flugzeugen und Motoren aller Art. „Vater arbeitet bei Henschel" – dieser in Kassel früher oft gehörte Satz war Ausweis für eine privilegierte berufliche Stellung.

1866 *Kurhessen wird preußisch*

Weil sich das Kurfürstentum Hessen-Kassel im preußisch-österreichischen Krieg von 1866 wie die meisten deutschen Mittelstaaten mit Wien verbündet, wird es von Preußen annektiert. Berlin macht die bisherige Residenzstadt Kassel zur Hauptstadt seiner neuen Provinz Hessen-Nassau. In den Folgejahren nehmen Handel und Wandel einen ungeahnten Aufschwung. Europaweite Beachtung findet eine Industrieausstellung in der Karlsaue.

1913 *Glanzvolle Tausendjahrfeier*

Drei Wochen lang feiert Kassel seine tausendjährige Geschichte. Höhepunkte sind am 28.September ein großer kulturhistorischer Festzug und ein Trachten- und Heimatfest in der Karlsaue. Das Ereignis lockt weit über 100 000 Besucher aus ganz Deutschland an.

1923 *Bergrennen zum Herkules*

Das erste Bergrennen im Park Wilhelmshöhe, von Kasseler Motorsportlern organisiert, lockt am 2. September Tausende von Besuchern an. Die Strecke verläuft von der Wilhelmshöher Allee bis zum Herkules.

1925 *Der erste Rundfunksender*

Am 25. Januar nimmt der erste Rundfunksender in Kassel offiziell seinen Betrieb auf. „Detektoren" heißen die damaligen Radiogeräte, die in einem Umkreis von 30 bis 40 Kilometer einen zufriedenstellenden Empfang ermöglichen.

1930 *Landung des „Graf Zeppelin"*

100 000 Menschen aus ganz Nordhessen haben sich auf dem Flughafen Kassel-Waldau versammelt, um die Landung des Luftschiffs „Graf Zeppelin" zu verfolgen. Sein Kommandant ist Ernst A. Lehmann, der am 6. Mai 1937 in Lakehurtst (USA) mit dem Zeppelin „Hindenburg" abstürzt.

Kassel-Waldau im Linienflugnetz

Kassels erster Flughafen wurde am 24. August 1924 auf dem ehemaligen Truppenübungsgelände Waldau offiziell eröffnet. Das Areal war allerdings schon in den Jahren zuvor von Sportfliegern genutzt worden. Der Flughafen wurde auf Kosten der Stadt betrieben. Eine große Zukunft schien ihm bevorzustehen, als die Deutsche Lufthansa Kassel in ihr Linienflugnetz aufnahm. Doch 1930 kam das Aus für den Linienflugverkehr, weil die Stadt die hohen Zuschüsse für die Lufthansa nicht mehr zahlen konnte.

1933 *Bücherverbrennung auf Friedrichsplatz*

Am 19. Mai verbrennen die Nationalsozialisten auf dem Kasseler Friedrichsplatz zahlreiche Bücher von Autoren, die dem NS-Regime missliebig sind. Politische Gegner werden rücksichtslos verfolgt, jüdische Ladengeschäfte boykottiert.

Blutrichter Roland Freisler

Ein besonders übler NS-Demagoge war Roland Freisler, der 1924 in Kassel eine Anwaltskanzlei eröffnet hatte. Ein ausgeprägter Hass auf alle politischen Gegner war ihm zu eigen. Als späterer Präsident des Volksgerichtshofes hatte Freisler einen wesentlichen Anteil an der Pervertierung der Justiz zum nationalsozialistischen Terrorinstrument und war verantwortlich für tausende politisch motivierter Todesurteile. Berüchtigt war sein Auftreten in den Prozessen gegen Mitglieder der Widerstandsbewegung nach dem 20. Juli 1944. Freisler kam im Februar 1945 bei einem Bombenangriff auf Berlin ums Leben.

1936 *Der „Freiheiter Durchbruch"*

Die 1925 begonnene Sanierung der Kasseler Altstadt wird am 9. Mai mit der Einweihung des „Freiheiter Durchbruchs", einer neuen Verbindungsstraße zwischen Altmarkt und Martinsplatz, praktisch abgeschlossen. Finanziert wurde sie unter anderem durch ein „Notopfer", zu dem die Einwohnerschaft herangezogen worden war.

1938 *Nazis stürmen Synagoge*

Zwei Tage vor der so genannten Reichskristallnacht, dem Auftakt des Juden-Pogroms in Deutschland, stürmen am Abend des 7. November NS-Fanatiker die Synagoge in der Unteren Königsstraße und demolieren Gebäudeteile und Inventar.

1939 *Verdunkelung angeordnet*

Nach dem Ausbruch des Zweiten Weltkriegs mit dem deutschen Angriff auf Polen am 1. September wird eine allgemeine Verdunkelung des Kasseler Stadtgebiets angeordnet: Kein Lichtstrahl soll nachts feindlichen Flugzeugen als Navigationshilfe dienen. Der Bezug von Lebensmitteln ist nur noch für den persönlichen Bedarf und gegen Vorlage eines Berechtigungsscheins möglich.

1941 *Juden werden deportiert*

Im Dezember beginnt die Deportation von mehreren tausend Juden aus dem Regierungsbezirk Kassel. Nur ganz wenige überleben das Grauen in den Konzentrationslagern.

1943 *Bombe sprengt Edertalsperre*

Eine riesige Flutwelle strömt durch das Edertal bis nach Kassel und Hann. Münden, als es in der Nacht zum 17. Mai britischen Flugzeugen gelingt, mit einer Spezialbombe ein 70 Meter breites Loch in die Edertalsperre zu sprengen. Die meisten Menschen werden im Schlaf überrascht, 47 verlieren ihr Leben. Bei einem zweiten Angriff auf die Möhnetalsperre sterben 1600 Menschen, davon allein 1200 in einem Kriegsgefangenenlager.

1943 *Untergang Kassels im Feuersturm*

In der Nacht vom 22. auf den 23. Oktober geht das alte Kassel, Standort wichtiger Rüstungsbetriebe, bei einem Großangriff britischer Bomber im Feuersturm unter. 10 000 Menschen kommen um, die Innenstadt ist ein einziges Trümmerfeld. In den schwer beschädigten Henschel-Werken geht der neue Panzer „Königstiger" in Serie.

1945 *Neuanfang mit OB Willi Seidel*

In den letzten Kriegstagen kommt es im Raum Kassel noch zu sporadischen Kämpfen mit den anrückenden Amerikanern. Am 4. April ist die

Stadt in der Hand der 80. US-Infanteriedivision. Die Militärregierung setzt den Stadtverwaltungsdirektor Willi Seidel als kommissarischen Oberbürgermeister ein. Er steht vor einem Berg von Problemen: Tausende von Kasseler Bürgern sind obdachlos, es herrscht großer Mangel an Lebensmitteln und Heizmaterial, und die Infrastruktur der Stadt ist unter dem Trümmerschutt praktisch zusammengebrochen.

1946 *Alle müssen mit anfassen*

Im März tritt in Kassel eine Notdienstverordnung in Kraft, mit der die Bürger verpflichtet werden, mindestens eine Woche bei der Schuttbeseitigung auf den großen Straßen und Plätzen zu helfen. Die Hauptlast liegt zunächst auf den Frauen, weil viele Männer noch in Kriegsgefangenschaft sind. Auch Mitglieder des Staatstheater-Ensembles greifen zu Hacke und Schaufel.

1946 *Glas aus Immenhausen*

In Immenhausen zwischen Kassel und Hofgeismar gründet Richard Süßmuth eine Glashütte. Seine Mitarbeiter sind 350 aus Schlesien geflüchtete Glasbläser, die er im Westen um sich versammelt hat. Schon nach wenigen Jahren werden die Erzeugnisse aus Immenhausen – Gebrauchs- wie auch Schmuckglas – wegen ihrer Qualität und zeitlosen Schönheit weltbekannt.

Vertriebene als Unternehmensgründer

Am Aufbau neuer nordhessischer Industriebetriebe in den Nachkriegsjahren waren in starkem Maße auch Heimatvertriebene beteiligt. Völlig mittellos aus den deutschen Ostgebieten geflüchtet oder vertrieben, gründeten sie, allenfalls in bescheidenem Maße mit öffentlichen Geldern gefördert, ihre Unternehmen. Ende der fünfziger Jahre gab es über 180 Betriebe mit 14 500 Beschäftigten, die von Vertriebenen geleitet wurden. Sie stellten fast ein Fünftel aller in Nordhessen neu gegründeten Unternehmen dar.

1948 *Rothwesten – Geburtsort der D-Mark*

Unter Ausschluss der Öffentlichkeit bereiten deutsche Währungsexperten auf dem ehemaligen Fliegerhorst Rothwesten die Einführung der Deutschen Mark anstelle der Reichsmark vor. Am 20. Juni, einem Sonntag, ist es so weit: Die Kasseler bekommen in 227 Umtauschstellen das neue Geld ausgehändigt. Die Währungsreform beendet den Schwarzhandel und bildet langfristig die Basis für das später viel gerühmte „deutsche Wirtschaftswunder".

1949 *Siegeszug des „Rührfix"*

Der 1899 in Kassel geborene Schlossermeister und spätere Ingenieur August Heinzerling beginnt in Altmorschen mit der Produktion des „Rührfix". Er besteht aus einem Glasbehälter und zwei Quirlen, die mit einer Kurbel gedreht werden. Das neuartige Arbeitsgerät erleichtert das Hausfrauen-Dasein ganz erheblich und tritt in den fünfziger Jahren einen wahren Siegeszug durch die Küchen an.

1949 *Es wird wieder gezisselt*

Nach zehnjähriger kriegsbedingter Zwangspause begehen die Kasseler, Kasselaner und Kasseläner vom 6. bis 8. August wieder ihr traditionelles Volks- und Heimatfest Zissel. Ungeachtet der vielen noch vorhandenen Trümmerberge gibt es einen Festzug durch die Stadt, und abends schmücken bunte Lichter und Lampions die Ufer der Fulda, Schiffe und Boote.

1951 *Start der Bad Hersfelder Festspiele*

In der Ruine der Stiftskirche finden zum ersten Mal die inzwischen weltbekannten Bad Hersfelder Festspiele statt. Unter seinem Begründer Johannes Klein entwickelt sich die Stiftsruine zu einer Mysterienbühne ersten Ranges in Europa.

1952 *Wiederaufbau beginnt*

Später als in den meisten deutschen Städten beginnt in Kassel der Wiederaufbau, allerdings nun mit großer Energie. Ab dem Frühjahr gibt es kaum eine Straße, in der nicht Neues entsteht. Zum Vorzeigeprojekt wird die ein Jahr später eingeweihte Treppenstraße, Deutschlands erste Fußgängerzone.

1953 *Das neue Auestadion*

Am 23. August wird das neu errichtete Auestadion eingeweiht. Im Eröffnungsspiel tritt die Fußballmannschaft des KSV Hessen Kassel, die im selben Jahr in die Süddeutsche Oberliga aufgestiegen ist, gegen Viktoria Aschaffenburg an. Zum Leidwesen der 20 000 Zuschauer verliert der KSV das Spiel mit 1:2.

1955 *documenta und Bundesgartenschau*

Die erste Kasseler Bundesgartenschau wird am 29. April von Bundespräsident Theodor Heuss in der Karlsaue eröffnet. Sie lockt insgesamt fast drei Millionen Besucher aus dem In- und Ausland an. Zu einer noch bedeutenderen Erfolgsgeschichte mit Langzeitwirkung wird die am 16. Juli eröffnete internationale Kunstausstellung documenta, die eigentlich nur als kulturelle Ergänzung zur Bundesgartenschau geplant war. Der ersten documenta folgen bis heute in regelmäßigen Abständen weitere documenten, die inzwischen als die weltweit wichtigste Ausstellungs-Plattform moderner Kunst gelten.

1958 *Mit VW kam der große Ruck*

In Baunatal nimmt am 1. November das neue Volkswagenwerk Kassel die Produktion auf. Es wird zum Zentrum der VW-Ersatzteilbeschaffung. Mit dem Werk wird der wirtschaftliche Aufschwung in Nordhessen auf eine breite Basis gestellt: Neue mittelständische Firmen etablieren sich als Zulieferer für VW, und die Erwerbslosigkeit tendiert in den folgenden Jahren gegen Null.

Wirtschaft lahmte lange Jahre

Nach dem Kriegsende 1945 war Nordhessen Grenzland geworden. Über Nacht rissen die jahrhundertealten engen wirtschaftlichen Verbindungen zum mitteldeutschen Raum ab – mit fatalen Folgen für Industrie und Handel in der Region. Tausende fanden in den ersten Nachkriegsjahren keine Arbeit, und der Zustrom von Flüchtlingen und Ost-Vertriebenen verschärfte die Arbeitsmarktsituation noch. Mitte der fünfziger Jahren, als bundesweit Industrie und Wirtschaft zu boomen begannen, ging es in Nordhessen noch nicht so recht voran. Erst mit dem VW-Werk setzte auch im Norden Hessens der Aufschwung ein.

1959 *Neues Staatstheater eingeweiht*

Mit einem Festakt wird am 12. September das neue Kasseler Staatstheater eingeweiht, das die Stadthalle als provisorische Spielstätte ablöst. Bis zuletzt heftig umstritten ist die Frage, ob man statt eines Neubaus das im Krieg zerstörte Wilhelminische Theatergebäude wiedererrichten sollte.

1970 *Treffen zwischen Brandt und Stoph*

DDR-Ministerpräsident Willi Stoph und Bundeskanzler Willy Brandt treffen sich am 21. Mai im Schlosshotel Wilhelmshöhe zum zweiten innerdeutschen Gipfel. Krawalle zwischen linken und rechten Demonstranten überschatten die zeitweise vom Abbruch bedrohten Gespräche.

1989 *Besucheransturm aus der DDR*

In den ersten Tagen nach Öffnung der innerdeutschen Grenzübergänge erlebt Kassel einen Besucheransturm aus der DDR. Am 12. November, einem Sonntag, bevölkern 20 000 Ostdeutsche die Straßen und Plätze.

Literaturhinweise

Paul Heidelbach: **Kassel – Ein Jahrtausend Hessischer Stadtkultur.** Bärenreiter-Verlag Kassel 1959.

Frank-Roland Klaube: **Chronik der Stadt Kassel.** Wartberg Verlag 2002.

August Straub: **Nordhessen.** Verlag Glock und Lutz Nürnberg 1969.

Wolfgang Hermsdorff: **Kassel – Ein Blick zurück.** Wartberg Verlag 2005.

Wolfgang Hermsdorff: **Kassel 1900 bis heute.** Johannes Stauda Verlag Kassel 1981.

Thomas Siemon: **Das war das 20. Jahrhundert in Kassel.** Wartberg Verlag 1999 (verschiedene Autoren).

Merian-Monatsheft 1953: **Kurhessen und Waldeck.** Merian-Heft 2013: Kassel.

Prestel-Museumsführer: **Schloss Wilhelmshöhe Kassel.**

Klaus-Jörg Ruhl u. a.: **Kassel in alten und neuen Reisebeschreibungen.** Droste Verlag Düsseldorf 1991.

Digitales Archiv des Hessischen Staatsarchivs Marburg.

Emma – das politische Magazin der Frau.

Deutscher Amateur-Radio-Club e. V.

Werner Dettmar: **Die Zerstörung Kassels im Oktober 1943.** Hesse GmbH Fuldabrück und Autor 1983.

Die Nacht, als die Flut kam (Buch zur HNA-Serie). Wartberg Verlag 2003.

documenta-Archiv Kassel.

Jörg Adria Huber: **Die Brüder Grimm in Kassel**, Wartberg Verlag 2007.

Ebenfalls im Wartberg Verlag erschienen:

Jürgen Nolte/Karsten Socher
documenta-Stadt Kassel
Farbbildband
deutsch, english, francais
72 S., geb., zahlr. Farbfotos
ISBN 978-3-8313-2398-2

Frank-Roland Klaube
Chronik der Stadt Kassel
136 S., geb., zahlr. S/w-Fotos
ISBN 978-3-8313-1194-1

Frank-Roland Klaube
Kassel
Ein verlorenes Stadtbild
132 S., geb. zahlr. S/w-Fotos
ISBN 978-3-925277-18-4

Sabine Köttelwesch
Kassel gestern und heute
64 S., zahlr. Farb- und S/w-Fotos
ISBN 978-3-8313-1671-7

Iris Endisch/Jürgen Nolte
Nordhessen
Farbbildband
deutsch, english, français
72 S., geb., zahlr. Farbfotos
ISBN 978-3-8313-2327-2

Jürgen Nolte
Adel in Nordhessen
64 S., geb., zahlr. Farbfotos
ISBN 978-3-8313-2058-5

Wartberg Verlag & Co. KG
Im Wiesental 1 | 34281 Gudensberg
www.wartberg-verlag.de

Bücher für Deutschlands
Städte und Regionen
Tel. 05603-93050 | 05603-930528
www.kindheitundjugend.de